Simone Weil

シモーヌ・ヴェーユ

Attente de Dieu

神を待ちのぞむ

渡辺 秀［訳］

春秋社

マルセーユにおいて、1941年

本書は Simone Weil, *Attente de Dieu*, La Colombe, 1950 の全訳である。

原書の初版にはこの中の手紙の名宛人で遺稿の保管者であるペラン神父が長い序文を書き、また一々の手紙と論文に解説を書いている。再版以後はそういうものは取除かれて、簡単な編者の覚えがきだけになっているけれども、この訳では著者がこの本の内容を書いた事情を知るための資料として便利だから、初版により、序文も各章の前がきも全部訳出した。ただし序文は本文の後にまわした。

本文中に組入れた注は、とくに記さないかぎり、すべて訳者のつけた注である。

この翻訳には出版社を通じてグロータース神父と編集者の親切な援助をいただいた。

目次

手紙

論文

神を待ちのぞむ

手　紙

1―洗礼のためらい　一九四二年一月一九日

ペラン神父のまえがき

シモーヌ・ヴェーユは一九四二年一月には、マルセイユに住んでいた。一年以上前からである（アルデーシュで過した何カ月かを除いて）。私もマルセイユにいた。私たちはたびたび会う機会があった。だから彼女が私に手紙を書いたのは、全く稀なことである。そのとき私はどこで説教していたのか記憶がない。

私たちが一番関心を持っていたのは洗礼のこと、その必要とその豊かな恵みについてであった。私がとってあったこの一番古い手紙にも、彼女はそのことを書いている。

ここにはこの問題に対する彼女の誠実さと神からの勧めや刺戟を待つ態度がみとめられるであろう。

私は序文の中で、内面の奇蹟にたよるといった方法が不都合であることを述べた。神は無償の素晴しいたまものとして、もっと人間的な手段を、すなわち神の言葉と神の教会を私たちの力の及ぶ範囲におかれたのであるから。

しかしそれでも、彼女のように自分を神の心にゆだね、神の意志に向って開くことは、やはり譲えないわけにはいかない。

そして、この手紙の結論にもかかわらず、シモーヌはこの大きな問題をその後も考えつづけたことを言っておこう。彼女は次の手紙でもそのことを書いているし、私との話しあいもたびたびこの問題にもどった。彼女はまた復活祭の後で、一人の友と洗礼について長く話しあい、洗礼の本質的な儀式について、それを行う者と受ける人がどんなものであるか細かい説明を求めた。彼女が港の鉄柵越しにその友に手を差し出したときには、別れの言葉のような調子でこう言った。「海は美しい洗礼堂になるとは思いませんか？」

神父さま

手紙をさし上げることにいたしました。わたくしのことについての話を——少なくとも新しい事情になるまで——おしまいにするためでございます。わたくしは自分のことをお話するのにあきてしまいました。つまらない話題だからでございます。でもあなたが御親切に関心をお持ちくださいますから、お話しなければなりません。

わたくしはこのごろ神の意志について考えております。神の意志はどういうものでしょうか、どうすれば完全に神の意志に一致することができるのでしょうか。それについてわたくしの考えを申し上げてみます。

神の意志には三つの領域を区別しなければなりません。第一の領域は全然わたくしたちの力によらないものです。これには、いまこの瞬間に宇宙の中で行われるすべてのこと、それからわたくしたちの力のおよばないところで行われようとしているすべてのこと、また後で行われるはずになっているすべてのことが含まれます。この領域では、実際に生ずるすべてのことが、例外なく神の意志です。ですから、この領域ではわたくしたちは絶対に、すべてのものを全体としても、一つ一つの細かい点でも愛さなければなりません。そこにはすべての形の悪も含まれます。とくに過ぎ去ったものであるかぎり過去の自分の罪も（罪の根がいまも残っているかぎりではその罪を厭わなければなりませんが）、過去現在未来の自分の苦しみも、それから——これを愛することはかけはなれて一番むずかしいのですが——自分がやわらげるべきものでないかぎり他人の苦しみも愛さなければなりません。言いかえれば、例外なくすべての外のものを通じて、神の実在と現存を感じなければならないのです。ペン軸とペン先を通じて手に紙の固さを感ずるように、はっきりと感じなければならないのです。

神の意志の第二の領域はわたくしたちの意志の支配下におかれる領域です。そこには純粋に自然なもの、手近なもの、知性や想像によって容易に表象されるものが含まれ、それらのものの間では、わたくしたちは有限なきまった目的のために、きまった手段を選び、整え、組み合わせることができきます。この領域では、明らかに義務と見えるすべてのことを誤りなく、おくれることなく、行わなければなりません。どんな義務もはっきりあらわれていないときには、多少とも勝手に選んだ固定した規準を守らなければならないか、それとも自分の傾きに従わなければならないかになります。ただしその傾きに従うには限度があります。罪の一番危険な形の一つは、というよりも、おそらく一番危険な形の罪は、本質的に限りのある領域に無際限なものをおくことなのです。

神の意志の第三の領域は、わたくしたちの意志に支配されず、自然な義務に関係がないのに、わたくしたちから完全に独立ではないものの領域です。この領域では、わたくしたちは神から強制されるに値するという条件で、それに値する程度に応じて、神から強制されます。注意と愛をもって神を考える魂に、神は報いをあたえます。その注意と愛に厳密に数学的に比例した強制をあたえることが報いなのです。この強制に身をゆだね、この強制にみちびかれる点まで正確に進み、たとえ善い方向であってもそれ以上に一歩でも先へ行ってはならないのです。いつも、より多くの愛と注意をもって神を考えつづけ、これによって、いつも、より多く神に推し進められるようになり、たえず魂のより大きな部分が強制されるようにならなければなりません。魂の全体が神に強制されるときに人は完徳の状態に達します。けれどもどんな段階にあるときにも、たとえ善を目ざすにしても、自分が抗しがたく推し進められる以上のことをしてはなりません。

わたくしはまた秘蹟《サクラメント》についても考えましたから、考えを申し上げてみましょう。

秘蹟は神とある種の接触をするものとして、秘義となる特殊な価値があります。これは神秘的な接触ですが、現実のものです。同時にまた秘蹟は象徴や儀式として、まったく人間的な価値もあります。この第二の面では、秘蹟はある政党の歌や身ぶりやスローガンと本質的に違ってはいません。少なくともそれ自身としては本質的に違ってはいません。もちろん、秘蹟に結びつく教えから言えば、それらと無限に異なっています。* 大部分の信者はただ象徴や儀式としてだけ秘蹟に接していると思います。そうではないと思っている信者たちの中にも、そういう人があります。宗教的なものを社会的なものといっしょにするデュルケームの理論は、どんなに馬鹿げたものであるにしても、ある真実を含んでいます。すなわち、社会的な感情は宗教的な感情と混同されるほど似ているということです。それは、まがいもののダイアモンドが本当のダイアモンドに似ているようで、超自然的なものを識別する力がない人は実際にとり違えることになります。それに、儀式や象徴としての秘蹟に、社会的人間的に参加していることは、この道をとって進むすべての人々にとって、段階としてはよいこと、ためになることです。けれども、それは秘蹟そのものにあずかることではありません。わたくしは、ある霊性の水準以上の人々だけが、秘蹟そのものにあずかることができるのだと思います。その水準以下の人々は、何をやっても、その水準に達しないかぎり、本当のところは教会に属していないのです。

わたくしはと言えば、その水準以下のものであると思います。そのために、先日自分が秘蹟を受けるに値しないと思うことを申し上げたのです。この考えは、あのときお察しくださいましたように小心にすぎるところから来たものではございません。この考えは、一つには行動や人間関係についてのはっきりした罪の意識にもとづいております。それは重大な恥ずべき罪でございます。あなたもきっとそう判断なさいますでしょう。そのうえずいぶんたびたびの罪でございます。またこの考えはそれ以上に、自分が不十分であるという一般的な意識にもとづいております。謙遜してそう言っているのではございません。もしわたくしが謙遜という徳を持っていますなら、これは多分一番美しい徳ですから、わたくしは自分の不十分を感ずるようなみじめな状態にはおりませんでしょう。

わたくしについてのお話を終りにするために、申し上げましょう。こう考えております。わたくしを教会の外に引きとめる一種の阻止は、わたくしの不完全な状態によるものか、それともわたくしの召命と神の意志とがそれに反することによるものかでございます。第一の場合には、わたくしはこの阻止の状態を直接になおすことはできませんが、もし神の御恵みに助けられるなら、わたくしがこれほど不完全ではなくなることによって、間接になおすことだけはできます。そのためには、一方では自然的な領域で罪を避けることに努力し、他方では神への思いにいつもより多くの注意と愛を向ければよいわけでございます。もし神の意志はわたくしが教会にはいることであるなら、それに値するようになったちょうどそのときに、神はこの意志をわたくしに強制なさいますでしょう。

第二の場合に、もし神の意志はわたくしが教会にはいることではないならば、どうして教会にはいるのでしょう。あなたがたびたび繰り返して言ってくださいましたことはよくわかります。洗礼は——少なくともキリスト教国では——救われる普通の道であって、わたくしに例外の道があるという理由は絶対にないということでございます。それは当然でございます。けれどもわたくしが実際にその道を進むことになっていない場合には、仕方がないではございませんか。神に従って自分を罪におとすか、神に従わないで救われるかということが考えられるとすれば、わたくしはやはり神に従う方を選びますでしょう。

神の意志はいまのところわたくしが教会にはいることではないように思われます。すでに申し上げましたように、そしていまも本当のことですが、わたくしを引きとめる阻止は、注意と愛と祈りのときにも、ほかのときと同じように強く感じられるからです。けれども、わたくしがお聞かせしましたような考えは教会に属することと相容れないものではなく、したがってわたくしは精神的には教会から縁遠いものではないというお言葉をうかがいましたときには、大変大きな喜びを感じました。

人類のこれほど大きな部分が唯物論に染まっている時代には、神とキリストに身をささげながら、教会の外にとどまる男女があることを神は望まれるのではないかと、わたくしは考えつづけずにはいられません。

とにかく自分が教会にはいるという行為を具体的に、近くありうることとして思い浮かべますと、たくさんの不信仰者の不幸な大衆からはなれるという考えほどに、わたくしを苦しめる考えはございません。わたくしはさまざまな環境の中にはいってその人たちといっしょになり、少なくとも良心に反しないかぎり同じ色調を帯び、彼らの中に身を没するということに本質的な要求を感じ、そこに自分の使命を感じているとも言えると思います。それは彼らがありのままに、わたくしに対して自分をいつわることなく、彼ら自身をあらわすようにするためです。わたくしはありのままの彼らを愛するために、彼らを知りたいからです。というのは、もしありのままの彼らを愛するのでなければ、彼らを愛しているのではなく、わたくしの愛は本当のものではありません。わたくしが彼らを助けると言うのではありません。それは、不幸なことに、いままでわたくしには全然できないことでございます。わたくしは衣服によって自分を普通の人たちから切りはなさないために、どんな場合にも修道院にははいらないと思います。こうして切りはなされても大した不都合がない人たちもあります。その人たちは魂の生れながらの清らかさによって、すでに普通の人たちから離れているからです。わたくしは反対で、前に申し上げたと思いますが、すべての罪、あるいはほとんどすべての罪の芽ばえがあります。とくに旅行をしておりましたときに、前にお話しましたような状況〔序文参照〕で、そのことに気がつきました。わたくしは罪を恐れ厭いましたが、驚きはしませんでした。自分にもそういう罪の可能性があることを感じました。それだからこそぞっとしたのです。こういう生れながらの傾向は危険で苦しいものですが、神の御恵みがあって適当に利用することができれば、善のために役立てることができます。そういう傾向には一つの使命がございます。それは無名のままでいて、いつでも普通の人間の仲間にまじりこむことができるようにするということでございます。ところが今日の精神の状態では、修道者と一般信者の間よりも、教会に通う信者と不信者の間の方に、もっとはっきりした壁があり、もっと大きな分離がございます。

「だれでも人々の前でわたくしのことを恥じるなら、わたくしも父の前でその人のことを恥じるだろう」というキリストのお言葉を、わたくしはよく知っております。けれどもキリストを恥じるということは、おそらくすべての人にとってすべての場合に、教会に属さないことを意味するとはかぎらないでしょう。ある人々にとっては、それはただキリストの教えを行わないこと、その精神を輝かさないこと、機会があってもその名をあがめないこと、キリストへの忠実を守って死のうとしないことだけを意味しております。

お気にさわるかもしれませんが、真実を申し上げなければなりません。あなたのお気にさわることは大変苦しいことでございますけれども。わたくしは神とキリストとカトリックの信仰を愛しております。わたくしほどあわれに不十分なものが、愛しうるかぎりで愛しております。わたくしは聖人たちを、その著作や伝記を通じて愛しております――十分に愛せない人たち、聖人と考えられない人たちは別でございますけれども。わたくしは自分の生涯にたまたま出会った本当の霊性をそなえた六、七人のカトリック信者を愛しております。わたくしはカトリックの典礼、聖歌、建築、儀礼、祭式を愛しております。けれども、愛するこれらのすべてとの関係においてでなければ、わたくしは本来の意味の教会への愛を少しも持っておりません。そういう愛を持っている人々に同情することはできますが、わたくしはそういう愛を感じません。すべての聖者たちはそういう愛を感じたことを、よく知っております。けれどもまた聖者たちはほとんどみな教会の中で生れて育った人でした。いずれにしても、人は自分の意志で自分に愛をいだかせるのではありません。わたくしの知らないことですが、もしこの愛が霊の進歩の条件をなすものならば、それともまた、もしこれがわたくしの使命の一部であるならば、いつかこの愛があたえられることを望んでおります。わたくしにはそれだけしか言えないのでございます。

おそらくいま申し上げました考えの一部は間違った悪い考えでございましょう。けれどもある意味では、それは大したことではありません。これ以上検討したいとは思いません。というのは、このようにいろいろ考えたあとで、わたくしは結論に達したからでございます。その結論は自分が教会にはいる可能性の問題をもう少しも考えまいというはっきりした決心でございます。

それをまったく考えずに何週間か、何カ月間か、何年間かたった後で、ある日突然、すぐに洗礼をお願いしようというどうにもならない衝動を感じて、お願いに走るということは、ごくありそうなことでございます。神の御恵みはひそかに、黙って、だんだんと心の中にはいって参りますから。またおそらく、そういう衝動を一度も感じないうちに、わたくしの生涯が終るかもしれません。けれども一つのことは絶対に確実でございます。それは、もしある日わたくしが洗礼の御恵みに値するだけ十分に神を愛するようになりましたら、その日にわたくしは神のお望みになる形で、本当の洗礼によるにしても、まったく別の道によるにしても、間違いなくその御恵みを受けいれるでしょうということでございます。ですからわたくしはどうして何か心配することがありましょう。わたくしのことを考えるのは、わたくしの仕事ではございません。わたくしの仕事は神のことを考えることでございます。わたくしのことは神さまが考えてくださいます。

ずいぶん長い手紙になりました。あなたのお時間をまたとりすぎてしまいました。どうぞお許しくださいませ。わたくしが弁解を申し上げられるのは、この手紙が少なくともしばらくは結論になるということでございます。

本当に心から感謝申し上げております。

シモーヌ・ヴェーユ

【原書編者注】

＊　教会の信仰においては、秘蹟はとくに神が定めたということによって、それらと異なっている。秘蹟を欲し、秘蹟に効力をあたえたのは主イエズスである。

2―洗礼のためらい・追伸

ペラン神父のまえがき

幾日もたたないうちに、私は手紙だったか、会って話したのかおぼえていないが、彼女につぎのような返事をした。それからシモーヌはこの長い追伸を書いてよこした。これはシモーヌの結論が結論にならなかった証拠である。

「自分の家を持つことは利己主義の設備になるかもしれませんが、また多分人をもてなすことができて、私たちの兄弟に彼らの家を提供する手段にもなるでしょう。教会はこの世にある父の家であり、その事実によって、ニューマンの言葉に従えば多くの魂の家になりますから、教会にはいることは人を何物からも、何人からも切り離すものではありません。反対に、キリストに定着することはすべての場所とすべての時代のすべての兄弟に自分をあたえることです。」

パリサイ主義や善に関するセクト主義は他の人々をしめ出すものであり、何よりも悪いものである。主がそれらを罵ったことはこれを十分に明らかにしている。シモーヌがそれらを嫌ったのはもっともである。

しかし人間主義や人間崇拝の宗教は、人間的なものに神のような価値をみとめて、それを不当に神化する。

シモーヌ・ヴェーユが受けた自由主義の教育、彼女の両親の極端な寛大、人々への彼女の愛と哲学的な傾向、それらは客観的な真理をみとめるような傾きのものではなく、彼女には人間主義の危険を感ずる下地がなかった。恐らくそれらのものは、この点で彼女の心を固くしていたとさえ考えられる。

真の神が真に人類の中へ下降するキリストの托身は、パリサイ主義をも人間主義をも超えている。托身によってキリスト者は人間にも神にも近くなり、すべてに対してすべてとなることをうながされている。すべてを混同するためではなく、すべてを救うためである。教会の子は自分が「普遍的な兄弟」でなければならないことを知っている。「われら」というのは「天にましますわれらの父」の「われら」であって、何ものにも対立するのではない。なぜなら教会の子はすべての人々の名において祈るのであり、「私たちカトリックは」と言うときにも、それは決して他の人々を排斥する意味ではなく、子供が「わたし」と言うように、この「わたし」は現在の自分のあり方を明らかにしながら、身体的にも精神的にも大人になってからの自分のすべてを含み、それを指向している。

第六の手紙の中で言われている天才的な聖性は、このように純粋に神的であると同時に、明らかに普遍的に人間的な態度によって成立つものである。

たとえば、中世において私たちが不満を感ずる偏見は、教会にもキリストの福音にも責を帰すべきものではなく、かえって中世の欠陥がその不完全性をある聖者に負わせているということに注意すべきである。

神父さま

前にしばらくの間の結論としてさし上げました手紙の追伸を、もう一度書かせていただきます。あなたのために、わたくしがもうこれ以上追伸を書かなければよいと思っております。退屈なさいますでしょうと本当に心配でございます。でもこれはあなたのせいでございます。わたくしが自分の考えを申し上げなければならないと思いますのは、わたくしのあやまちではございません。

最近までわたくしが教会の入口で立ちどまっておりました知的な障害は、たしかに取り除かれたと見ることができます。あなたはいまのままのわたくしを受けいれることを拒絶なさらないのですから。けれどもいくつかの障害がまだ残っております。

よく考えてみますと、その障害は結局つぎのようなことになると思います。わたくしをこわがらせるのは、社会的なものとしての教会でございます。教会が汚れに染まっているからということだけではなく、さらに教会の特色の一つが社会的なものであるという事実でございます。わたくしが非常に個人主義的な気質だからではございません。その反対の理由でこわいのです。わたくしには、人々に雷同する強い傾向があります。生れつきごく影響されやすい、影響されすぎる性質で、とくに集団のことについてそうでございます。もしいま目の前で二十人ほどの若いドイツ人がナチスの歌を合唱しているとしたら、わたくしの魂の一部はたちまちナチスになることを、わたくしは知っております。これはとても大きな弱点でございます。けれどもわたくしはそういう人間でございます。生れつきの弱点と直接にたたかっても、何もならないと思います。義務によって強く要求される状況の中では、それらの弱点を持っていないかのように行動することを、自分に強いなければなりません。そして日常生活の中では、それらの弱点をよく認識し、慎重に考慮して、利用するように努力しなければなりません。生れつきの弱点はすべて利用できるものでございますから。

わたくしはカトリックの中に存在する教会への愛国心を恐れます。愛国心というのは地上の祖国に対するような感情という意味です。わたくしが恐れるのは、伝染によってそれに染まることを恐れるからです。教会にはそういう感情を起す価値がないと思うのではありません。わたくしはそういう種類の感情を何も持ちたくないからです。持ちたくないという言葉は適当ではありません。すべてそういう種類の感情は、その対象が何であっても、いまわしいものであることをわたくしは知っております。それを感じております。

ある聖人たちは十字軍や宗教裁判を是認しました。わたくしは彼らが間違っていたと考えないわけには行きません。わたくしは良心の光を拒むことはできません。あの聖人たちよりもこれほど低いわたくしが、ある点では彼らよりもよくわかると考えるとすれば、彼らがその点では何か大変強力なものによって盲目にされていたことを、みとめなければなりません。その強力な何かというのは、社会的なものとしての教会です。この社会的なものが彼らに害を及ぼしたとすれば、わたくしにはどんな害を及ぼさないことがありましょうか。わたくしはとくに社会的な影響を受けやすく、そして彼らよりもほとんど無限に弱いのですから。

ルカの福音書の中で、この世の王国について悪魔がキリストに言った言葉ほど奥行きのある言葉は、言われたことも書かれたこともありません。「わたしはそこに結びついているすべての権力と栄光をあなたにあたえよう。それはわたしにゆだねられ、わたしとわたしが分けあたえたいと思うすべての人とにゆだねられているのだから」。その結果として、社会的なものが悪魔の領域であることは動かないことです。肉は「われ」と言うことを強制し、悪魔は「われら」と言うことを強制します。あるいは専制者たちのように、集団的な意味で「われ」と言うことを強制します。そして悪魔はその固有の使命に従って、神のまがいもの、神の代用品を造ります。

わたくしが社会的と言いますのは、社会に関連するすべてのものを意味するのではなく、ただ集団的な感情だけを意味しております。

教会も社会的なものであることは避けられないということは、よくわかります。そうでなければ、教会は存在しないでしょう。けれども教会が社会的なものであるかぎり、教会は「この世の王」〔悪魔のこと〕に属します。教会が真理の保存と伝達の器官であるからこそ、そこには、わたくしのように社会的な影響をうけすぎる者にとって極度の危険があります。というのは、こうして一番清いものと一番汚れたものとが、同じ言葉のもとに似たものになり、混同されるので、ほとんど分解できない混合物が生ずるからです。

だれでもはいって来る人を熱烈に歓迎しようとするカトリックの環境があります。ところがわたくしは一つの環境の中へ加えられて、「わたくしたち」と言われる環境の中に住み、この「わたくしたち」の一部になり、どんなものであろうと人間の環境を自分のすみかとして落着くことを望みません。望みませんというのは表現が間違っております。たしかにわたくしはそれを望んでおります。そういうことはすべて快いことです。けれどもそれが自分には許されていないことを感じます。ひとりで、例外なくどんな人間的環境にも縁遠くはなれていることが、わたくしには必要であり、そう定められていると感じております。

これは、前に申し上げましたように、わたくしがどんな人間的な環境でもよいから、自分の出会った環境の中にとけこんで、そこに消え入りたいと望んでいることと矛盾するように見えます。けれども実際には同じ考えでございます。そこに消え入るというのはその部分になることではなく、どれにでも融けこむことができるというのは、どれの部分にもならないことを意味しております。

このようなほとんど言いあらわせないことを理解していただけるかどうか、わたくしにはわかりません。このような考えはこの世に関することですから、秘蹟の超自然的な性格を見ている目には、つまらないことに見えます。けれどもわたくしの中で超自然的なものと悪とが不純に混合することをこそわたくしは心配しております。

ひもじさは食べるという行為にくらべて、食物に対するはるかに不完全な関係ですが、同じように現実の関係でございます。

ある生れつきの傾向、ある気質、ある過去、ある使命などを持っている者にとっては、秘蹟を望んでいて受けられないことが、秘蹟にあずかることよりも純粋な秘蹟との接触になりうるということは、おそらく考えられないことではございません。

わたくしがそうであるかどうかは、全然わかりません。そういうのは何か例外に属するであろうということは、よく知っておりますし、自分が例外であるとみとめるときには、いつも愚かな早合点がはたらくように思われます。けれども例外となる性格は他の人々よりもすぐれているところからではなく、劣っているところからこそ生じうるものでございます。わたくしの場合そうであろうと考えます。

いずれにしても、前に申し上げましたように、わたくしは自分がいまはどんな場合にも実際に秘蹟に触れることはできず、ただそういう接触が可能であることを予感できるだけであると思います。まして、秘蹟とのどんな関係が適当であるのか、いまのわたくしには本当にわかりません。

わたくしのことを全部あなたにおまかせして、かわりにきめてくださるようにお願いしようという誘惑を感じるときがございます。でも結局のところ、できません。わたくしにはそういう権利がございません。

大事なことについては、障害をとび越すことはできないと思います。その障害が錯覚から出ている場合には、それが消えるまで、必要なだけじっとそれを見つめているのです。わたくしが障害と言っておりますものは、善に向って一歩ごとに打ち勝つべき無気力のようなものとは、別のものでございます。わたくしにはそういう無気力の経験もございます。この障害はまったく別のものでございます。この障害が消えないうちにとび越そうとすれば、わたくしの考えでは、福音書の中で悪霊が去ると七つの悪霊がもどって来たという人の物語に暗示されているような、うめあわせ（代償作用）の現象に会う危険があります。

わたくしが不適当な心がまえで洗礼を受けた場合に、あとでたとえ一瞬間でも、心の中のただ一つの動きでも、残念な思いをするかもしれないと考えるだけで、その考えにぞっといたします。たとえ洗礼は救いの絶対的な条件であることを確信したとしても、自分の救いのために、そういう危険をおかしたいとは思いません。そういう危険がないという確信を持たないかぎり、わたくしは自分をおさえる方を選びます。そういう確信は、ただ自分が従順によって行動すると思っているときにだけ、えられるものでございます。従順だけが時間にそこなわれないものでございます。

もし永遠の救いがわたくしの前のこの机の上におかれていて、手をのばしさえすれば救いがえられるとしても、わたくしはその命令を受けたと思わないかぎりは、手をのばしませんでしょう。すくなくとも、自分ではそうでありたいのです。そしてもしそれがわたくしのではなくて、過去現在未来のすべての人間の永遠の救いであったとしても、同じようにすべきであることを知っております。その場合には、それはむずかしいことでございましょう。わたくしの救いだけの問題でしたら、むずかしくはないように思われるくらいでございます。なぜならわたくしは全体としての、すなわち十字架にいたるまでの従順そのもの以外を望まないからでございます。

けれどもこのようにお話することは許されません。このようにお話しますと、わたくしは嘘を言っております。というのは、もしわたくしが完全な従順を望むなら、それはえられますでしょう。そして実際にわたくしは、明らかな義務と感ずることの実行を何日もおくらせることが、たえずございます。それらの義務がそれら自身としては実行が容易で簡単でありながら、他の人々にとって重大な帰結をもたらすかもしれない義務であるのに、それを果すことがおくれるのでございます。

でもわたくしのあわれな状態をお話しますと、あまり長くなりすぎますし、御興味のないことでございましょう。またたしかに無益なことでございましょう。ただ、わたくしについてお間違えにならないために役立つだけでございます。

どうぞ、いつもわたくしが深く感謝申し上げておりますことをおみとめくださいませ。これが御挨拶の言葉でないことはおわかりいただけると存じます。

シモーヌ・ヴェーユ

3—出発の決心　一九四二年四月十六日

神父さま

思いがけないことが起りませんかぎり、一週間後に最後にお目にかかれることと存じます。月末に出発することになりました。

もしあの論文集についてゆっくりお話できますようにおとりはからいいただけるなら、さいわいでございます。でもそれは不可能なことと存じます。

わたくしは少しも出発したくございません。不安をもって出発いたしますでしょう。確率を計算してきめましたのですが、その計算は不確実なので、ちっともよりどころになりません。わたくしをみちびく考えは、何年も前からわたくしの中にあって、実現の機会がありそうもないのにあえて棄てられない考えでございますが、その考えは、あなたが数カ月前から大変ひろいお心でわたくしを助けてくださいましたのに成功しなかったあの計画に、かなり近いものでございます。

加速度で進行する現在の状況では、とどまるという決意はわたくし自身の意志のはたらきであるように思われます。結局、それがわたくしを出発するよう推し進める主な理由でございます。わたくしの最大の望みはすべての意志だけでなく、すべての自分の存在を失いたいということでございます。

何かがわたくしに出発をすすめているように思われます。わたくしはそれが感受性ではないことを確信いたしますので、それに自分をゆだねます。

この自己放棄がたとえ間違っていても、これがわたくしを最後によい港へみちびくことを期待しております。

よい港と申しましたのは、おわかりと存じますが、十字架のことでございます。もしわたくしにはいつかキリストの十字架にあずかるに値するような御恵みがあたえられないのでしたら、少なくとも悔い改めた盗賊の十字架にあずかりたいと思います。福音書の中で問題になるキリスト以外のすべての人の中で、わたくしはあの悔い改めた盗賊をだれよりもはるかにうらやましく思います。キリストと並んで同じ状態で十字架につけられていたことは、栄光のキリストの右に坐することよりも、はるかにうらやましい特権のように見えます。

日は近づいておりますのに、わたくしの決心はまだ決して取り消しのできないものにはなっておりません。ですから、もしかりにあなたが忠告をくださるとしたら、まだ間に合うわけでございます。でもそのことをとくにお考えくださいませんように。あなたには、もっとはるかに大事なお考えになるべきことがたくさんございます。

一度出発いたしましたら、またお目にかかれるような状況はありそうもないように思われます。

あの世でお目にかかることについては、御存じのように、わたくしはそういうことを思い浮べておりません。でもそれは大事なことではございません。あなたへのわたくしの友情にとっては、あなたが存在なされば十分でございます。

わたくしはフランスに残して行くすべての人々のことを、はげしい苦しみをもって考えずにはいられません。とくにあなたのことでございます。でもこれもまた大事なことではございません。あなたは何が起っても、それが決してわざわいにはなりえない方であることを、わたくしは信じております。

遠いところに参りましても、あなたから受ける御恩が日ごとに大きくなることに変りはございませんでしょう。距離の遠さはわたくしがあなたのことを考えるのを妨げないからでございます。そして神さまのことを考えないで、あなたのことを考えることはできません。

娘としてのわたくしの愛情をお受けくださいませ。

シモーヌ・ヴェーユ

追伸——御存じのように、わたくしにとりまして、この出発は苦しみや危険をのがれることとは、まったく別のことでございます。わたくしの不安は、出発によって、わたくしの意志に反して知らない間に、わたくしが何よりもしたくないことをするのではないかという心配から来ております。

それは逃げるということでございます。いままでここは静かな生活でございました。わたくしが出発するとすぐにこの静けさが消えるとすれば、わたくしには恐ろしいことでございましょう。もしそうなることがたしかに思われれば、わたくしはとどまったと思います。もしさきを予測できるようなことを御存じでしたら、どうぞお知らせくださいませ。

4 霊的自叙伝

シモーヌ・ヴェーユの両親はフランスを去ることに決めた。彼女自身は何度もためらった後に、戦争や占領による不幸な兄弟たちをもっと効果的に助けることができるという希望に動かされて、両親に同行することを決心した。

私はモンペリエにいた。そのために、彼女は自分で「霊的自叙伝」と呼んだこの長い手紙を、乗船前に、私に宛てて書くことになったのである。

はじめに読んでいただくための追伸――

この手紙はとても長いのですが、お返事をいただく必要がございませんから――わたくしはたしかに出発いたしますのでなおさら必要がございませんから――お読みくださるのに何年かかってもいいわけでございます。でもいつかお読みくださいませ。

マルセイユにて、五月十五日頃

神父さま

出発の前にもう一度お話したく存じます。おそらく最後になりますでしょう。向うに参りましたら、ときどき手紙で様子をお知らせして、あなたからもお手紙をいただくことしかできませんから。

わたくしはあなたに大きな御恩があると申し上げました。それがどんな御恩であるかを正確に正直に申し上げたいと思います。もしあなたがわたくしの霊的な状況を本当に理解してくだされば、わたくしを洗礼にみちびかなかったことを何も残念に思われないことと存じます。けれどもあなたにそれを理解していただけるものかどうか、わかりません。

あなたはわたくしにキリスト教の霊感も、キリストも、もたらしてくださったのではありません。というのは、わたくしがあなたに出会いましたときには、すでにそれはなされるべきことではなくて、人間の仲介なしになされていたことだったからです。もしそうでなかったら、もしわたくしが暗黙のうちにというだけでなく意識的にもキリストにとらえられていなかったら、あなたは何もわたくしにあたえられなかったことでしょう。わたくしはあなたから何も受けとらなかったでしょうから。あなたへのわたくしの友情は、あなたのお伝えくださる教えを拒む理由になりましたでしょう。なぜならわたくしは、神に関する領域に、人間の影響によって誤りや幻覚が含まれる可能性を恐れたことでございましょうから。

わたくしは生れてから、どんなときにも神を探し求めたことはないと言うことができます。多分そのために、と言ってもこの理由はたしかにあまりに主観的な理由ですが、神を探し求めるという表現を好みませんし、間違った表現のように思われます。わたくしは若いときからこう考えて参りました。神の問題はこの世では材料のない問題で、この問題の誤った解決は一番悪いことと思われますが、それを避ける唯一の方法はこの問題をとりあげないことであると考えて来たのです。ですからわたくしは神の問題をとりあげませんでした。肯定も否定もいたしませんでした。この問題を解くことはわたくしには無益なことと思われました。というのは、この世にあるわたくしたちは、この世の問題に対して最善の態度をとるべきであって、その態度は神の問題の解決によるものではないと考えていたからでございます。

これは少なくともわたくしにとっては本当でございました。このような態度の選択をためらったことはないからです。わたくしはいつも唯一の可能な態度としてキリスト教的な態度を選んでまいりました。いわばキリスト教の影響の中で生れ、成長し、いつもそこにとどまってまいりました。神の御名さえもわたくしの考えの中に全然はいって来ないときにも、この世とこの世の生活の問題に対して、はっきりと厳密にキリスト教の考え方をいだき、その最も特徴的な概念もとりいれておりました。そういう概念の中のあるものは、記憶がさかのぼりうるかぎり早くからわたくしの中にあります。その他の概念については、いつ、どんな風にして、どんな形であたえられたかを、わたくしは知っております。

たとえば、わたくしはいつも来世について考えることを自分で止めておりましたが、死の瞬間が生の規準であり目標であることをいつも信じておりました。りっぱな生き方をしている人々にとっては、死の瞬間は、極小の短時間に純粋な、むきだしの、確実な、永遠の真理が魂の中にはいる瞬間であると考えておりました。わたくしは自分のためにほかの善を望んだことがないと言えます。この善にみちびく生活は、だれにも共通の道徳によって規定されるだけでなく、またこの生活には各人にとって厳密な意味で個人的な行為とできごとがつぎつぎに起るものと考えておりました。その継起は強制的なもので、それを避けて通る人は目標に達することができません。それがわたくしにとっては使命の概念でした。使命によって課せられる行動の標準は、感受性や理性から来るものとは本質的に、明らかに異なった衝動の中にあって、そういう衝動が起ったときそれに従わないことは、たとえその衝動が不可能なことを命じていても、最大の不幸であると思われました。わたくしは従順ということをこのように考え、工場にはいってはたらいたときにその考えを試練にかけました。そのとき最近打ち明けてお話しましたようなはげしい絶え間ない苦痛の状態にありました。いつもわたくしには、一番美しい生活はすべてが状況の強制によって、あるいはそういう衝動によって規定され、まったく選択の余地のない生活であると思われました。

わたくしは十四歳のとき青春期の底なしの絶望におちいりました。自分の生れつきの能力が凡庸だからというので、まじめに死ぬことを考えました。わたくしの兄が異常な資質を持っていて、パスカルにくらべられるような幼年期青年期を過しましたので、わたくしはどうしてもそういうことを意識するようになりました。わたくしは外面の成功がえられないことを嘆いたのではなく、本当に偉大な人々だけがはいれる、真理の住まうあの超越的な国に近づくことを望みえないということを嘆いたのです。そこに近づかないで生きるよりは、死ぬ方がよいと思いました。心の闇の何カ月かを過したあとで、わたくしは突然に、どんな人でも、たとえ生れつきの能力がほとんどなくても、ただ真理を望んで真理に達するためにたえず努力し注意を払いさえすれば天才だけがはいるあの真理の国にはいることができるという確信を持ち、その確信はいつまでも続くことになりました。そういう人もまたこうして天才になるのです。たとえ才能がないために、この天才は外からは見えなくても、やはり天才になるのです。あとになって、わたくしは頭痛のためにわずかな能力を麻痺させて、すぐにその麻痺は多分決定的なものだと思われたときにも、十年の間結果はほとんど望まれなかったのに、その確信によって注意の努力を続けることができました。

わたくしは真理という名前に美や徳やすべての種類の善も含ませていましたから、わたくしにとっては恵みと願望との関係が問題でした。わたくしが得ていた確信は、パンを望んで石を受けることはない〔マタイ福音書七・九〕ということでした。けれどもそのころは福音書を読んではおりませんでした。わたくしは願望がそれ自身によって、あらゆる霊的な善の領域で効力があることを確信していればいるだけ、その反面ではその他の領域では効力がないことも確信してよいと信じておりました。

清貧の精神については、不幸にしてわたくしの不完全と両立できるような弱い程度においてですが、この精神がわたくしの中になかったときを思い出すことはできません。わたくしは聖フランチェスコを知るや否や、この聖人に心を奪われました。彼が自由にはいって行った放浪と物乞いの状態へ、いつか運命がわたくしを強制的に推し進めることを、わたくしはいつも信じ、また望みました。少なくともそこを通過しないでいまの年齢になるとは考えておりませんでした。牢獄についても同じように考えておりました。

　わたくしはまたごく小さいときから、隣人愛というキリスト教的な考えを持っておりました。わたくしはその考えに、福音書の中で何度か呼ばれているように正義という大変美しい名をあたえました。御存じのように、その後わたくしは何度か隣人愛にひどくそむいたことがございます。

　神の意志はどんなものであろうとも受け容れるという義務は、それがマルクス・アウレリウスの本の中にストア学派の《運命への愛《アモル・ファティ》》という形で述べられているのを見つけて以来、わたくしの精神にはあらゆる義務の中の第一の最も必要な義務として、それを果さなければ名誉を失う義務として意識されておりました。

　純潔という考えは、キリスト者にとってこの言葉が意味しうるすべてを含んで、十七歳のときにわたくしをとらえました。それはわたくしが何カ月か、青春期に自然な感傷の不安を経たあとのことです。純潔という考えは、山の景色を見ているときに浮かんで来て、抗しがたく少しずつわたくしの中にはいってまいりました。

　もちろんわたくしは自分の人生観がキリスト教的であることをよく知っていました。それだからこそ、自分がキリスト教にはいれるということは決して考えられなかったのです。わたくしはキリスト教の中で生れたという印象を持っていました。けれども明証によって強制されないのに、この人生観にドグマを加えるとすれば、わたくしには誠実を欠いたことのように思われました。ドグマの真実性を問題としてとりあげることは、あるいは単にこの問題について確信に到達したいと望むことさえも、誠実を欠いたことと思われました。わたくしは知的な誠実ということについて、きわめて厳格な観念を持っております。わたくしはさまざまな点で誠実を欠いていると思われない人に出会ったことがありませんし、自分が誠実を欠いているのではないかということが、いつも心配になります。

こうしてドグマに接近することを差控え、わたくしは一種の恥ずかしさによって教会へ行くことを妨げられました。教会へは行きたかったのです。けれども、わたくしにはカトリックとの本当に大切な接触の機会が三回ございました。

工場ではたらいたあとで、教職をまたはじめるまえに、両親はわたくしをポルトガルへつれてまいりました。そのとき両親とわかれて、ひとりで小さな村にはいって行きました。その頃のわたくしは、心も体もぼろぼろの状態になっていました。工場の生活で不幸というものに触れたことによって、わたくしの青春は死んでしまっていたのです。それまで自分の不幸以外に不幸の経験がなく、自分の不幸は自分のですから重大なものとは思われませんでしたし、またそれは生物学的なもので社会的なものではなかったので、半分の不幸にすぎなかったのです。世の中に多くの不幸があることはよく知っていて、そのことに悩みましたが、長い接触によってそれを確認したことはなかったのです。工場ではだれの目にも、わたくし自身の目にも、わたくしは無名の大衆といっしょになっていましたから、他の人々の不幸はわたくしの肉の中に、また心の中にはいりこみました。わたくしを他の人々の不幸から切りはなすものは何もありませんでした。そこでは本当に自分の過去を忘れ、まったく未来に期待を持たず、あの疲労にたえて生きのびる可能性を容易に想像できませんでした。工場で受けたものは、長く続くしるしをわたくしの中に刻みこみましたから、今日になっても、人がわたくしに向って粗野な態度でなく話しかけると、それがだれであっても、どんな状況であっても、わたくしはそこに間違いがあって、その人が、間もなく不幸にしてその間違いに気がつくだろうという印象をいだかずにはいられません。ローマ人が一番軽蔑する奴隷のひたいに赤く焼けた鉄でしるしをつけたように、わたくしはあそこで永遠に奴隷のしるしを受けました。それからいつも自分を奴隷として見てまいりました。

わたくしはそういう精神状態で、また体もひどい状態で、悲しいことにこれもまたみじめなポルトガルの小さな村へ、ひとりではいって行きました。それは月夜で、ちょうど村の守護の聖人の祝日でした。その村は海岸にありました。漁村の女たちが舟のまわりを行列してまわり、ろうそくを持って、心を裂くような悲しい声で、たしかに非常に古い聖歌を歌っておりました。それをうまく言いあらわすことはできません。ヴォルガで舟を引く人々の歌のほかには、これほど悲痛な歌を聞いたことがありません。そのときわたくしは突然に、キリスト教は奴隷の宗教そのものであること、奴隷はキリスト教に執着せずにはいられないこと、そしてわたくしもその奴隷のひとりであることを確信したのです。

一九三七年には、アッシジで素晴しい二日間を過しました。サンタ・マリア・デリ・アンジェリの十二世紀のロマネスクの小聖堂に、その類のない清純な素晴しさの中に、ひとりでおりましたとき、そこは聖フランチェスコがたびたびお祈りしたところですが、わたくしは何か自分よりも強いものに強いられて、生れてはじめてひざまずきました。

一九三八年には、ソレムの修道院で枝の日曜日から復活祭の火曜日までの十日間を過し、すべてのおつとめに参加いたしました。ひどい頭痛がして、何か音を聞くごとに、打たれるように痛みました。そして注意力の極度の努力によって、わたくしはこのみじめな肉をぬけ出し、肉は肉だけで苦しませて、歌と言葉の汚れのない美しさの中に純粋で完全な喜びを見いだすことができました。わたくしはこの経験によって、不幸を通じて神の愛を愛する可能性を、類比的に、よりよく理解できるようになりました。言うまでもなく、このおつとめの間に、キリストの御受難についての考えが、わたくしの中へ決定的にはいってまいりました。

そこに若いカトリックのイギリス人がいて、この人は聖体を受けたあとで本当に天使のような輝きを身につけたように見え、それによってわたくしははじめて秘蹟の超自然的な力を考えました。偶然によって――というのはわたくしはいつも摂理というよりも偶然という方が好きですから――この人はわたくしにとって福音をつたえる人になりました。というのは、彼はわたくしに十七世紀のイギリスの、いわゆる形而上的な詩人たちの存在を知らせてくれたからです。後になってこの詩人たちを読んでいたとき、わたくしは「愛」という題の詩〔序文参照〕を見つけましたが、これがあなたに残念ながら不十分な翻訳を読んで差し上げた詩でございます。わたくしはこの詩を諳記いたしました。たびたび、頭痛の発作がひどくなったときに、わたくしはこの詩にすべての注意を向け、そこに含まれるやさしさに自分の魂をあげて執心して、諳誦することを練習しました。わたくしはそれをただ美しい詩として諳誦しているつもりでしたが、知らず知らずに、この諳誦は祈りのような力を持っていました。前に手紙で申し上げましたように、キリスト御自身が降って、わたくしが御手にとらえられましたのは、こういう諳誦のときでした。

神の問題は解きえないということについて推理しておりましたときは、そういう可能性を予知しておりませんでした。この世で人間と神との間の現実の人格的な接触が可能であるとは考えませんでした。そのようなことが語られているのをぼんやり聞いたことはありましたが、それを信じたことはありませんでした。『小さき花』〔アッシジの聖フランチェスコの著作〕では、福音書の中の奇蹟と同じように、ほかのことよりもキリストの出現の物語に、わたくしは反撥を感じました。もっとも、こうしてキリストが突然わたくしをとらえて下さいましたときには、感覚も想像も少しもはたらきませんでした。わたくしはただ苦しみを通じて、愛する人の顔のほほえみに読まれるものに似た愛の現存を感じただけでございました。

わたくしは神秘家の本を読んだことがありませんでした。そういう本を読むように命ずるものを、何も感じたことがなかったからです。読書についても、いつも従順の徳を行うように努めておりました。知的な進歩にはそれ以上に都合のよいことはありません。というのは、わたくしはできるかぎり、自分が飢えているものを飢えているときにしか読まず、そしてそのときには、読むのではなくて、たべるのです。神さまは憐みぶかくわたくしが神秘家の本を読まないようになさいました。それはこの絶対に予期しなかった接触が自分のつくったものではないことを、わたくしに明らかにするためでございます。

けれどもわたくしはわたくしの愛ではなく知性を、まだ半分拒んでいました。というのは、純粋な真理への配慮によってなされるなら、決して神に抵抗しすぎることはありえないということが、確かなことに見えましたし、今日でもそう信じております。キリストは人が御自分よりも真理の方を選ぶのがお好きです。なぜなら御自分はキリストである前に、真理であるからです。もし人が真理の方へ行くためにキリストからそれるなら、長く行かないうちにキリストの御手にいだかれるでしょう。

プラトンは神秘家であること、『イーリアス』は全体がキリストの光に包まれていること、ディオニュソスやオシリスはある意味でキリスト御自身であることを感じたのは、その後でした。そしてわたくしの愛はこれによって倍加いたしました。

イエズスが神の托身であったかどうかということを問題として考えたことはありませんでしたが、実際のところ、わたくしはイエズスが神であると考えずに、イエズスを考えることはできなかったのです。

一九四〇年の春バガヴァッド・ギーター〈古代インドの聖典〉を読みました。おかしなことですが、こんなにキリスト教的な響きをもって、神の宿る口から出たこの素晴しい言葉を読んだとき、宗教的な真理に対してわたくしたちがとるべき態度は美しい詩に対する愛着とはまったく別のものであること、他の絶対的な愛着であることが強く感じられました。

けれどもわたくしに洗礼の問題が起りうるとは思っておりませんでした。キリスト教以外の宗教とイスラエルとに対する自分の感情を棄てることは誠実でないように感じられました——そして実際に時がたつにつれ、考えを重ねるにつれて、その感じは強まるばかりでした——これは絶対的な障害であるとわたくしは信じておりました。だれか司祭がわたくしに洗礼をさずけることを夢にも思うはずはないと想像しておりました。もしあなたにお会いしませんでしたら、わたくしは洗礼の問題を実際の問題にはしなかったことでございましょう。

このような霊的な進歩のあいだを通して、祈ったことはありませんでした。祈りに暗示の力があることがこわかったのです。パスカルはそういう力のために祈りをすすめています。パスカルの方法は信仰に達するために一番悪い方法の一つであると、わたくしには思われます。

あなたとお会いするようになりましても、祈る気にはなれませんでした。反対に、あなたに対する友情に暗示の力があることを警戒しなければならなかったので、それだけいっそうその危険は心配なものに思われました。同時に、祈らないということ、またそれをあなたに申し上げないことが、大変窮屈に感じられました。しかしそれを申し上げれば、まったく誤解なさることになるのをわたくしは知っておりました。あのときには、そう申し上げてもわかっていただけなかったと思います。

去年の九月まで、わたくしは生れてからただの一度も、少なくとも文字通りの意味では、祈ったことがありませんでした。声に出してでも、心の中ででも、神さまに向って話しかけたことはありませんでした。典礼の祈りをとなえたこともありませんでした。ときどき「サルヴェ・レジナ」〔聖母マリヤに呼びかける有名な祈り〕を口ずさんだことがありましたが、それはただ美しい詩として口ずさんだだけでした。

去年の夏Tさんと一緒にギリシア語を勉強しておりましたとき、わたくしは彼にギリシア語で主の祈り[1]を一語一語教えました。そして諳誦する約束をいたしました。彼は諳誦しなかったと思います。わたくしもはじめは諳誦しませんでした。何週間かたって、福音書の頁をめくっていましたときに、諳誦の約束をしたのだし、よいことなのだから、諳誦をすべきだと考えました。そして諳誦しました。主の祈りのギリシア語の言葉は無限に甘美でしたから、そのときわたくしはすっかりその言葉にとらえられてしまいまして、何日かの間その言葉をたえず口ずさまないではいられませんでした。一週間後にわたくしはぶどうの取りいれの仕事をはじめました。毎日仕事の前にギリシア語で主の祈りをとなえ、ぶどう畑の中でも、たびたび繰り返してとなえました。

そのときから、毎朝一度絶対の注意をはらって主の祈りをとなえることを、ただ一つのつとめとして自分の義務にいたしました。となえている間に、自分の注意がそれたり、眠ったりしたときには、たとえそれがごくわずかであっても、やりなおしにして、一度絶対に純粋な注意が得られるまで続けます。ときには単に楽しみのために、もう一度繰り返そうとすることもありますが、よほど強い欲求がなければ繰り返しません。

このおつとめの効力は異常なもので、いつも驚きました。わたくしは毎日その効力を感じているのに、いつも期待を越えるのです。

ときどきはじめの言葉がすでにわたくしの思考を体から抜きとって、展望も観点もない空間外のところへつれて行きます。空間が開かれます。知覚されるふつうの空間の無限が、二乗された無限、あるいはときには三乗された無限にかわるのです。同時にこの無限な無限はどこも沈黙にみたされます。この沈黙は音の不在ではなくて、音の感覚よりももっと積極的なある感覚の対象になるものです。何か音がしても、この沈黙を通過してからでなければ、わたくしには聞こえません。

またときどきこうして主の祈りをとなえているときや、その他のときに、キリストが御自身でおいでになることがあります。それははじめてわたくしがキリストにとらえられたときよりも無限に現実的で、強く、明らかで、愛にみちた現存でございます。

わたくしが出発するということがなければ、すべてこういうことをお話する気にはなりませんでしたでしょう。そしてとにかく多分死ぬでしょうと考えながら出発するのですから、わたくしにはこういうことを黙っている権利がございません。なぜなら、結局のところ、このすべてのことはわたくしの問題ではないからです。これは神さまだけのことです。わたくしは本当に何でもありません。もし神さまの間違いが考えられるのでしたら、こういうすべてのことは間違いでわたくしに起ったものと、考えますでしょう。けれども多分神さまは屑やできそこないや廃物の利用がお好きなのです。結局、聖体のパンはかびていても、司祭が聖別すれば、やはりキリストの体になります。ただパンはそれを拒むことができないのに、わたくしたちは従わないことができます。こんなに憐み深くしていただくのですから、わたくしの罪は大罪になるに違いないと、ときどき思うことがあります。しかもわたくしはたえずそういう罪をおかしております。

あなたはわたくしにとって父のようであると同時に兄のようであると申し上げたことがあります。けれどもそういう言葉はただ類比的なものをあらわすだけです。多分結局はただ情愛と感謝と尊敬の感情に対応する言葉にすぎません。なぜなら自分の魂の霊的な指導については、神御自身がはじめから手をひいてくださったものと考えているからです。

それでもわたくしがあなたから人間に可能なかぎりの御厄介になりましたことに変りはございま

せん。それをはっきりさせますと次のようなことです。

まずはじめてお近づきになりましたころ、一度おっしゃったお言葉がわたくしの奥底までとどきました。「よく注意なさい。もしあなたの間違いで大きなことのそばを通りすぎてしまうなら、それは損失になるでしょうから」とあなたはおっしゃったのです。

このお言葉で、わたくしは知的な誠実というものの新しい面に気がつきました。以前にはそれが信仰に反するものと考えておりました。これは恐ろしいことのようですが、そうではありません。このことはわたくしが自分のすべての愛を信仰の方に感じていたことにつながっております。あなたのお言葉によって、おそらくわたくしの中には、知らない間に信仰に対する不純な障害物や偏見や習慣ができているのだと考えるようになりました。あれほど長い間「多分そういうすべてのことは本当ではない」と思ったあとで、そう思うことを止めたわけではありませんが——わたくしはいまでもたびたびそう考えようとすることがあります——その言葉に「多分そういうすべてのことは本当でしょう」という反対の言葉を合わせて、かわりがわりに考えるべきだと感じたのでございます。

同時に、あなたは洗礼の問題をわたくしにとって実際の問題になさいましたから、わたくしは信仰や教義や秘蹟を長い間、近寄って、十分注意深く、真正面から見ないわけには行かなくなりました。それらに対して自分のなすべきことを見分けて、果さなければならなくなったのです。あなたのおかげでなかったら、決してそうはならなかったと思います。それがどうしてもわたくしに必要なことだったのでございます。

けれどもあなたから一番大きな恩恵をうけましたのは、それとは違った方面でした。あなたはわたくしがいままでに出会ったことのないような愛徳によって、わたくしの友情をつかんでおしまいになりましたので、わたくしにとってはあなたが人の間にありうるかぎり一番強く一番純粋な霊感の源泉になりました。人間同士の中では、いつも目をより強く神に注いでおくために、神の友への友情ほどに力強くはたらくものはございません。

わたくしにとっては、あなたがこれほど長く、これほどやさしくわたくしを寛大に扱って下さいました事実ほどに、あなたの愛のひろさをよく示しているものはありません。これは冗談のように聞こえますけれども、そうではございません。たしかにあなたはわたくし自身と同じように、わたくしに対して憎悪や嫌悪を感ずる動機（前に手紙で申し上げましたような動機）を持っていらっしゃるわけではありません。けれどもわたくしに対するあなたの忍耐は、わたくしには超自然的な寛大の徳から来るものでしかありえないように思われます。

わたくしについて、一番大きな落胆をなさるようにしてしまいましたが、どうにもならなかったのでございます。けれどもいままで、たびたび祈りの時やミサの時、またミサのあとで魂の中に輝きが残っているときに考えてみましたが、わたくしは一度も一秒も、神がわたくしに教会へはいることをお望みになるという感覚を持ったことがございません。一度もそれを不確実に感じたことがございません。現在も、神は教会にはいることをお望みにならないと結論することができるものと、信じております。ですから残念にお思いにはなりませんように。

少なくともいままでは神はそれをお望みになっていません。そして間違っていなければ、神の御旨はわたくしが将来も、おそらく臨終の時以外は教会の外にとどまることにあると思われます。けれどもわたくしはいつも、神のどんな御命令にも従うつもりでおります。地獄の真中に行って、永久にそこにとどまることを命ぜられても、喜んで従いますでしょう。もちろんそういう種類の御命令の方が好きという意味ではございません。わたくしはそういう倒錯した気分を持ってはおりません。

キリスト教は普遍的《カトリック》なものですから、例外なくすべての召命を含んでいるはずでございます。したがって教会もそのはずでございます。けれどもわたくしの見るところでは、キリスト教は建前として普遍的なのであって、事実として普遍的なのではありません。多くのものがキリスト教の外にあります。わたくしが愛していて棄てたくない多くのもの、また神の愛する多くのものがキリスト教の外にあります。神が愛するのでなければ、そのものは存在しないはずなのです。最近の二十世紀代を除いて過去の巨大なひろがりをなすすべての世紀、有色人種の住むすべての国々、白人の国々の中のすべての世俗的な生活、その国々の歴史の中で、マニ教やアルビジョワ派のように異端として非難されるすべての伝統、ルネサンスから出て、あまりにしばしば堕落しているとしても全然無価値ではないすべてのもの、そういうものがキリスト教の外にございます。

キリスト教が普遍的であるのは建前においてであって、事実においてではありませんから、わたくしも当分というだけでなく、場合によっては生涯を通じて建前上教会の一員であって、事実上はそうでないことを正当なことと思います。

これは正当であるばかりではなく、神がその反対を命ずるという確証をくださらないかぎり、わたくしにとっては義務であると考えます。

　わたくしの考えでは、そしてまたあなたもそうお考えになると思いますが、この二、三年の義務は――もしこの義務を欠かすなら、ほとんど必ず裏切りになってしまうほどのきびしい義務ですが――、本当に肉になったキリスト教の可能性を公衆に示すことです。現に知られている歴史のすべてにおいて、今日ほど地球全体にわたって魂が危険におちいった時代はありませんでした。だれでも見た人は救われるように青銅の蛇〔キリストの象徴。民数記二一・九、ヨハネ福音書三・一四〕を、もう一度かかげなければなりません。

　すべての問題がすべて互いにつながっていますから、キリスト教はわたくしが定義したような意味で普遍的にならなければ、本当に肉化したものにはなれません。キリスト教はそれ自身の中にすべてを、絶対的にすべてを含まないなら、どうしてヨーロッパの諸国民のすべての肉の中を流れることができるでしょう。もちろんすべてといっても嘘だけは別です。けれどもすべて存在するものには、たいていの場合、嘘よりも真実の方が多いものです。

　わたくしはこの差し迫った必要を強く、痛ましく感じますので、わたくしが生れてからずっと立っている点、すなわちキリスト教とキリスト教でないすべてのものとの交叉点を立ち去るとすれば、わたくしは真理にそむくことになるでしょう。わたくしがとらえている真理の姿にそむくことになるでしょう。

　わたくしはいつもこの点に、教会の入口に、身動きしないで、動けないで、《ἐγ ὑπομένη》[2]（これは *Patientia!*〔耐忍〕よりもずっと美しい言葉です）にとどまって来ました。ただ、いまではわたくしの心は祭壇に示された聖体へつれ去られています。永遠につれ去られたのであることを、わたくしは望んでおります。

わたくしはHさんが善意でわたくしの思想であるとなさった思想からはずっと遠いということが、おわかりのことと存じます。わたくしは苦しんでいるということからも遠いのです。

わたくしが悲しんでいるとすれば、それはまず運命によって永久にわたくしの感受性に刻印された恒常の悲しみから来るものです。どんなに大きな、純粋な喜びもその悲しみを消さないで、ただその悲しみの上に重なることができるだけです。そしてそれには注意の努力を払わなければなりません。つぎにわたくしの悲しみはわたくしのみじめな連続した罪から来るものです。それから現代のすべての不幸と過去のすべての世紀のすべての不幸から来るものです。

わたくしがいつもあなたにさからってまいりましたことを、わかっていただけたに違いないと存じます。もっとも、あなたが司祭であられながら、本当の召命によって教会にはいることを妨げられる場合があることをみとめてくださるならば、ということでございます。

それをみとめてくださらないならば、誤りがわたくしの方にあるにしても、あなたの方にあるにしても、わたくしたちの間には理解できない壁が残りますでしょう。これはあなたに対するわたくしの友情から見て、悲しいことでしょう。なぜならその場合には、あなたにとって、わたくしに対する愛徳からの努力と望みは、結局、落胆を生ずることになるからです。そしてわたくしに落度がないとしても、わたくしは自分の忘恩を責めないわけには行かないことになるでしょう。というのは、もう一度申しますが、わたくしははかりしれない御厄介をかけましたからでございます。

わたくしは一つの点に御注意をひきたいと思います。それは、キリスト教の肉化には絶対に越えられない障害があるということです。その障害は《彼は破門されよ《アナテマ・シット》》という二つの単語の使用です。この言葉の存在ではなく、これまでにこの言葉が行使されたという点です。わたくしが教会の敷居を越えることを妨げるのも、やはりこれなのです。この二つの短い単語のゆえに、教会はすべてを受け入れる器であるのに、わたくしは教会にはいれないすべてのものの方にとどまっております。わたくし自身の知性がその中に数えられるだけに、なおさらそういうものの方にとどまっております。

キリスト教の肉化ということは、個人と集団との関係の問題の調和ある解決を意味しています。ピュタゴラス派の意味での調和、反対のものの正しいつりあいです。この解決はまさに今日の人々が渇望するものなのです。

知性の状況はこの調和の試金石になります。なぜなら知性はとくに、厳密に個人的なものだからです。知性が知性の位置にとどまりながら、何の拘束もなくはたらいて、十分にその機能を果すところには、いたるところにこの調和が存在します。これは聖トマスが十字架上のキリストの苦痛に対する感受性について、キリストの魂のすべての部分のことを言ったときにみごとに述べたことです。

知性の固有の機能はすべてを否定する権利と支配されない状態とを含んで全き自由を要求します。知性が僭越に命令するところには、いたるところに個人主義の行き過ぎがあります。知性が不自由なところには、いたるところに一つあるいは多数の圧制的な集団があります。

教会と国家は、是認しない行為を知性がすすめる場合にはおのおの固有のやり方で知性を罰するはずです。知性が純粋に理論的な思弁の領域にあるときにも、教会や国家は思弁が生活に実際の影響を及ぼす危険があればそれを防ぐために、すべての有効な手段によって公衆を守る義務を持っています。しかしこのような理論的な思弁がどんなものであっても、教会や国家はそれらの思弁を窒息させようとしたり、そういう思弁をする人々に物質的精神的な危害を加えたりする権利はありません。とくに、彼らが望む秘蹟を拒む権利はありません。なぜなら、彼らが何を言ったにしても、公然と神の存在を否定したにしても、おそらく彼らは何も罪をおかしてはいないからです。そういう場合には、教会は彼らが誤っていることを宣言すべきですが、何か彼らの言ったことの取消しに似たことを要求したり、彼らに聖体を拒んだりすべきではありません。

集団は教義の保護者です。そして教義は愛と信仰と知性という厳密に個人的なはたらきのための観想の対象なのです。そのために、ほとんど最初からキリスト教の中では個人は窮屈であり、とくに知性が窮屈になるのです。これを否定することはできません。

真理そのものであるキリスト御自身も、たとえば公会議のような集会で話をなさるとすれば、親しい友に面と向って使われたような言葉をお使いにならないでしょう。そして両方の場合に使われた言葉を引きくらべて、その間の矛盾や嘘を非難することも、もっともらしく聞こえるかもしれません。なぜなら、神御自身が永遠の昔から望まれたという事実で尊重なさっている自然法則の一つによって、同じ単語でできていてもまったく区別される二つの言葉、集団の言葉と個人の言葉があるからです。キリストがわたくしたちにつかわされた慰め主である真理の霊は、場合に応じてどちらかの言葉で語り、言葉の性質からどうしても一致はないことになります。

神の本当の友である人々――わたくしの感じでは、たとえばマイステル・エックハルト〔十三世紀の神秘家〕――はひそかに、沈黙の中で、愛の一致において聞いた言葉を繰り返し、それらの言葉は教会の教えと一致していませんが、それは単に公開の場所の言葉が婚姻の部屋での言葉ではないということから来るのです。

本当に親しい会話というものは二人か三人の場合にしかないことは、だれでも知っています。五人か六人になると、もう集団の言葉が支配しはじめます。だからこそ、「あなたがたがわたくしの名で二人三人集まるところには、どこでもわたくしはあなたがたの中にいるだろう」〔マタイ福音書一八・二〇〕というキリストのお言葉を教会にあてはめると、完全な誤解になるのです。キリストは二百人とも、五十人とも、十人ともおっしゃってはいません。二人か三人とおっしゃったのです。キリストははっきりと、キリスト者の友情の親密さ、二人だけの親密さの中には、いつも御自分が三番目の者になることをおっしゃったのです。

キリストは教会に約束をなさいましたが、その約束のどれにも、「ひそかにいますあなたがたの父」〔マタイ福音書六・六〕というお言葉のような強さはありません。神のお言葉はひそかなる言葉です。この言葉を聞かない人は、たとえ教会の教えるすべての教義に同意していても、真理に触れてはいません。

教義《ドグマ》を集団として守るという教会の機能は欠くことのできないものです。この機能の固有な領域で、あからさまに教会を攻撃する人に対しては、教会は秘蹟を授けないことによって罰するという権利と義務があります。

ですから、わたくしはほとんど何も知らないのですけれども、教会がルーテルを罰したのは正しかったと、さしあたり信じたいのです。

けれども愛と知性に教会の言葉を規範にすることを強制しようとする場合には、教会は権力を乱用しています。この権力の乱用は神から出るものではありません。これはすべての集団が例外なく権力の乱用に向う自然の傾向から来るものです。

キリストの神秘体というイメージには大変魅力があります。でもわたくしは今日このイメージが重要なものと考えられているということが、現代のわたくしたちの堕落の一番重大なしるしの一つだと思います。なぜならわたくしたちの本当の品位は、たとえ神秘体であろうと、キリストの体であろうと、一つの体の部分であるということではありません。本当の品位は、各人の完徳への召命において、もはやわたくしたち自身が生きるのではなく、キリストがわたくしたちにおいて生きるということの中にあります〔ガラテア人への手紙二・二〇〕。この状態によって、おのおのの聖体の中にキリストのすべてがあるように、キリストは十分に、不可分の統一において、ある意味でわたくしたちのおのおのになります。聖体はキリストの体の部分ではありません。

キリストの神秘体というイメージが今日重要視されていることは、いかにキリスト者たちが外の影響にみじめにも染まっているかをしめしています。たしかに、キリストの神秘体の肢体であるということには、強い陶酔があります。しかし今日では、キリストを頭としない他の多くの神秘体が、わたくしの見るところでは同じような性質の陶酔を、その成員にあたえています。

従順によってであるかぎりは、キリストの神秘体の成員であるという喜びを欠いていることが、わたくしには快いことです。なぜなら、もし神さまが助けて下さいますなら、わたくしはそういう喜びがなくても、死ぬまでキリストに忠実でいられること〔フィリピ人への手紙二・八〕を示すでしょうから。今日では社会的感情が大きな影響力を持ち、それは苦痛や死における最高度のヒロイズムにまでも人を押し進ませますから、わたくしはキリストの愛が本質的にまったく別のものであることをしめすために、いくつかの羊は羊小舎の外に〔ヨハネ福音書一〇・一六〕いるのがよいと信じております。

今日教会は集団の抑圧に対する個人の消えない権利と、圧制に対する思考の自由を擁護しています。けれどもこの立場は一時的に強者の側にいない人々が進んでとる立場です。それはそういう人々が多分いつかは強者になるための唯一の手段なのです。これはよく知られていることです。

こういう考えはおそらくあなたを不快にするでしょう。でもそれはあなたのお間違いです。あなたは教会ではありません。教会が一番ひどく権力を乱用したときにも、多くの司祭の中には、あなたのような方があったはずです。あなたの誠実さは保証にはなりません。たとえそれがあなたの修道会全体に共通な誠実さでありましても。あなたは事態がどう変って行くか予測なさることはできません。

現実の教会の態度が効果的で、くさびのように社会生活へ本当にはいりこむためには、教会は変ったということ、あるいは変ろうと欲するということを、公然と言わなければならないでしょう。そうでなければ、宗教裁判を思い出しながら教会の態度をまじめに受けとる人があるでしょうか。宗教裁判のことを言い出して、ごめんください。あなたに対し、またあなたを通じてあなたの修道会にひろがるわたくしの友情にとっては、それを思い浮べることは大変苦しいことです。でもそれは存在しました。全体主義であったローマ帝国の滅亡後に、ヨーロッパではじめて、十三世紀に、アルビジョワ派の争いの後で全体主義の下図をつくったのは教会なのです。この木は多くの実を結びました。

そしてこの全体主義の原動力になったのが《彼は破門されよ》という言葉の使用だったのです。現代に全体主義の体制を立てたすべての政党は、この二つの語の使用を適当におきかえることによって造られたものです。これはわたくしがとくに研究した歴史です。

わたくしには高すぎて、理解できるはずのない多くのことを、このようにお話ししましたから、悪魔的な高慢という印象をお受けになったに違いありません。これはわたくしのせいではありません。そういう考えは間違ってわたくしの中へはいってまいりまして、やがて場違いをみとめて、どうしても出て行こうといたします。そういう考えがどこから来るか、どういう価値があるか、わたくしは存じませんが、その考えを妨げてよいとは思えません。

お別れいたします。あなたにすべてのお恵みがありますように、お祈りいたします。ただし十字架のお恵みだけは別でございます。と申しますのは、わたくしは隣人を、そしてお気づきのように、とくにあなたをわたくし自身のように愛してはいないからでございます。けれどもキリストは愛する弟子に、また疑いなくその弟子のような道を歩む人々に、堕落とけがれと苦悩を通じてではなく、喜びと清らかさと絶え間ない快さにおいてキリストのもとまでたどりつくことを、お許しになりました。ですからわたくしは、たとえあなたがいつか主のためにはげしい死に方をなさる名誉をお受けになるとしても、そこに喜びがあって、不安がないことをお祈りさせていただくことができます。そして三つの幸い《mites, mundo corde, pacifici》〔柔和、心の清さ、平和。マタイ福音書五・五、八、九〕だけがあなたにあたえられることをお祈りいたします。そのほかのすべては多かれ少なかれ苦しみをともなうからでございます。

この願いは人間の友情の弱さだけによるものではありません。どんな人をとりあげてみましても、わたくしはいつもその人には不幸がふさわしくないと結論をくだす理由を見つけます。その人が不幸という大きなことには凡庸でありすぎるにしても、また反対に不幸によってこわされるには貴重でありすぎるにしても、そうなのです。二つの主要な掟[4]の第二のものに対して、これほど重大な違反はありえません。第一の掟に対しては、わたくしはいっそう恐ろしい違反をしております。わたくしはキリストの十字架を思うたびに、羨望の罪をおかしますから。

いままでより以上に、いつまでも、娘としてのわたくしの厚い感謝にみちた友情をお受けくださいませ。

シモーヌ・ヴェーユ

【訳注】

（1）聖書の中にキリストが教えたものとして記されている祈り。（マタイ福音書六・九参照）

（2）じっと待っている、たえしのんでいるというギリシア語。

（3）Anathema sit.　教会が破門を宣告するときにもちいる言葉。

（4）第一の掟は神を愛すること、第二の掟は隣人を愛することを定めている。（マタイ福音書二二・三八―三九参照）

5 — 知性の使命　カサブランカより

ペラン神父のまえがき

私は目がわるいので周囲の人の親切にたよらざるをえない。シモーヌ・ヴェーユはSを深く信頼していた。カサブランカで書いたこの手紙はそういう事情によるものである。

旅行者たちの宿泊所でシモーヌは私のために仕事することを止めなかった。前に言ったように〔序文参照〕彼女は書くために習慣に反してこの宿泊所の数少ない椅子を一つ独占していた。

カトリックでない多くの知識人と同じく、シモーヌ・ヴェーユは自分以外に権威をみとめることが知性の自由と客観性をそこなうのではないかと心配している。これは秩序の異なった権威であることを理解していない。一方では、神の教える真理は私たちを無限に越えているから、上からの啓示によらなければ私たちのものになることはできない。教会が私たちを教えるのは神の名において、神の保証によってである。他方には、私たちの知性が知性の法則と条件に従って正しくはたらくことによって到達できる真理がある。この領域では証拠になるのは権威ではなく、それぞれの場合に応じて、論証や経験や資料などである。
すべての文献の中で、聖トマスが「ヨブと神との議論」を解説した文章ほどに真理の権利を大胆に肯定したものがあるだろうか。聖トマスはこう考えている。「真理はそれぞれの人の状況に依存するものではない。真理を述べている人は、相手が誰であっても、説き伏せられることはありえない」（ヨブ記注解一三・二）と。

Sさま
四つのものをお送りいたします。
まずペラン神父宛ての個人的な手紙です。これは大変長いもので、急ぐことは書いてありませんから、いつおわたしくださっても結構でございます。ペラン神父にこれをお送りにならないでくださいい。お会いになったときにおわたしいただいて、いつかお暇で自由な気持のときにごらんくださるように、お伝えくださいませ。
第二は（都合で封がしてありますけれど、おあけになってくださいい。あとの二つもそうです）ピュタゴラス派のテキストの注釈で、完結する暇がありませんでしたが、出発のときおわたしして参りましたものに続くのです。番号がつけてありますから、すぐつなげることができるはずです。これはひどくへたにできておりまして、構成が悪く、声を出して読む場合はとてもわかりにくいのですが、書きなおすには長すぎました。このままお送りするほかはございません。

三番目には、わたくしの原稿の中にソフォクレスの断片の翻訳がありましたから、それも入れておきます。この訳はエレクトラとオレステスの対話の全部で、お手もとにある前の論文の中では、ただ数行だけを引用したものです。これを写していると、どの言葉もわたくしの存在の中心に、深くひそかに響きますので、エレクトラが人間の魂で、オレステスがキリストであるという解釈が、まるでわたくし自身の詩であるかのように、確実に思われました。このこともペラン神父におっしゃってください。このテキストを読めば、おわかりになるでしょう。

これから書きますことも読んであげてください。これがペラン神父を苦しめないことを、心から望んでおります。

ピュタゴラス派についての研究を仕上げているときに、わたくしは人間がこの二つの単語を使ってよいなら、決定的に、また確実に感じました。わたくしの召命は、教会の外にいることを命じ、教会にも、キリスト教のドグマにもたとえ暗黙の契りであっても結ばれないことを命じているということを感じたのです。わたくしが全然知的な仕事をすることができなくならないかぎり、わたくしの召命はそれを命じているということです。それは知性の領域で神とキリスト教の信仰とに奉仕するためです。召命のゆえにわたくしに義務づけられる知的な誠実さは、わたくしの思考が唯物論や無神論を含んで例外なくすべての思想に、差別をつけないことを要求します。すべての思想に対して、等しく受容的であり、等しく態度を保留していることを要求するのです。ちょうど落ちて来る物体に対して水が差別をつけないのと同じようです。水が物体をある位置におくのではありません。物体自身がしばらく浮き沈みしたあとで、位置をとるのです。

　わたくしが本当にそうなのではないことは、知っております。それはあまり立派すぎます。けれども、わたくしにはそのようになる義務があります。そしてわたくしが教会の中にいれば、決してそのようにはなれないでしょう。わたくしの場合には、水と霊とによって生れる〔ヨハネ福音書三・五〕ために、見える水をひかえなければならないのです。

　これはわたくしが知的な創造の能力を感ずるからではありません。けれども、そういう創造に関係のある義務を感じております。これはわたくしのせいではありません。わたくしにはこれをどうすることもできないのです。わたくし以外にはだれもこういう義務をみとめることができません。知的な創造や芸術的な創造の条件は内面的で秘められたものですから、だれも外からそこにはいりこむことはできないのです。こう考えて芸術家たちが自分の悪行を弁解するということは知っております。けれどもわたくしの場合はそれとは全然別のことです。

　このように知性の領域で思考が中立を保っていることは、決して神への愛と相容れないことではありません。毎日毎秒おのおの永遠のとき、いつも真新しいときに、心の中で更新される愛の誓いとも相容れないことではありません。もしわたくしがなるべきものになるとしたら、そういうものになることでしょう。

　これは不安定な立場のように思われますが、忠実さによっていつまでも動くことなく、

《じっと待ちながら《エン・ヒュポモネイ》》、その立場にとどまることができます。その忠実さというお恵みを神がわたくしに拒まれないことを、わたくしは願っております。

キリストがお定めになったようにキリストの肉にあずかることができないのは、「真理」であるキリストに仕えるためでございます。もっと正確に言えば、キリスト御自身がそうなさったのです。わたくしはいままで一秒間でも、それを自分が選択するという印象を持ったことはありません。わたくしには一生そういう選択はあたえられないことを、人間に確信できるかぎり、わたくしは確信しております。おそらく——単におそらくというだけですが——わたくしの知的な仕事の可能性が決定的に、完全に失われた場合は別でございます。

もしこのことがペラン神父を苦しませるのでしたら、わたくしを早く忘れてくださることを願うほかはありません。あの方を少しでも悲しませる原因になるよりは、あの方のお考えの中から全然消えてしまう方が、わたくしにはずっと好ましいことだからです。それでも、あの方が悲しみから何か利益を引き出せるなら別でございます。

わたくしがお送りいたしますものの中には、学校の勉強の霊的なもちい方に関する原稿もあります。わたくしが間違って持って来てしまったものです。これは、モンペリエのカトリック学生連盟と間接の関係をお持ちですから、ペラン神父のためでもあります。ペラン神父のよろしいようになさってくだされればよいのです。

あなたに大変お世話になりましたことを、もう一度心からお礼申し上げます。わたくしはたびたびあなたのことを考えますでしょう。おたがいにときどきお便りできればよいと思いますが、それはたしかには申し上げられません。

シモーヌ・ヴェーユ

6　最後の思い　一九四二年五月二六日　カサブランカにて

ペラン神父のまえがき

シモーヌがSに告げたように、カサブランカからの小包には、私宛てのこの最後の手紙がはいっていた。

これに注釈を加えるのは、つつしみのないことであろう。私がこれを公表するのは、この手紙がこの魂をよく知らせ、教会の使命について、またキリストの教えを世界にもたらすために天才的な聖者が必要であることについて、この魂の意識をよく知らせるからである。

神父さま

やはり御親切にお手紙をくださいましてありがとうございました。出発にあたっていくつかのやさしいお言葉をいただきましたのは、貴重なことでございました。

あなたは聖パウロのすばらしい言葉を引用してくださいました。でも、自分のみじめさを打ち明けて申し上げましたために、わたくしが神の憐れみを見過しているという印象をお受けになったのでなければよいと思います。わたくしはそのような心のゆるみと忘恩におちいったことがなければよいと思い、将来も決しておちいらなければよいと思っております。神の豊かな憐れみを信ずるために、何も見込みや約束がほしいとは思いません。わたくしはその豊かさを体験して確実に知っております。それに触れたことがございます。触れて知っているということは、わたくしの理解や感謝の能力をはるかに越えておりますから、来世の幸福が約束されても、わたくしには何も加えることになりません。人間の知性にとっては、二つの無限を加え合わせても、加え合わせたことにならないのと同じようなことでございます。

神の憐れみは不幸の中でも、喜びの中と同じように、同じものとして、おそらくより以上にはっきりしております。なぜならこの形では、どんな人間の憐れみにも似ていないからです。人間の憐れみは喜びをあたえる場合にも、苦しみをあたえる場合にも、外面的な結果を目ざして、たとえば体をなおしたり教育したりしようとして、あらわれるだけです。けれども神の憐れみを示すものは、不幸の外面的な結果ではありません。本当の不幸の外面的な結果はほとんどつねに悪いものです。それをかくそうとすると、嘘をつくことになります。神の憐れみは不幸そのものの中に輝きます。慰めのない苦しさの奥底で、その中心で輝くのです。人が愛の中に忍耐して、魂が「わが神よ、何故にわれを捨てたまいしか」〔マタイ福音書二七・四六〕という叫びを抑えられないところまで落ちて行くならば、そして愛することを止めずにこの点にとどまるならば、人はついに何かもう不幸ではないものに触れるのです。それは喜びではなく、喜びにも苦しみにも共通な中心をなす本質であり、本質的な、純粋な、感覚できないものであって、それが神の愛そのものなのです。

そうすると、喜びは神の愛に触れる甘さであり、不幸はその同じ接触が苦しいときの傷であり、接触そのものだけが大事なことで、接触の仕方は問題でないことがわかります。

ちょうど、愛する人に久しぶりで会うときに、とり交す言葉が大事なのではなく、その人の声の響きだけがその人に会っているというたしかな思いをあたえるようなものです。

このような神の現存を知っても慰めにはならず、不幸の恐ろしい苦しみを何もとり除かず、傷ついた魂を癒しはしません。けれどもわたくしたちに対する神の愛がこの苦しみとこの傷の実体そのものであるということが、たしかに知られるのです。

わたくしは感謝して、このような神の憐れみのあかしを残すことができればよいと思っております。

『イーリアス』の詩人は十分に神を愛していましたから、それができました。そこにあの詩のかくれた意味と、あの美しさの唯一の源泉があるのです。けれどもそれはちっとも理解されておりません。

たとえわたくしたちにはこの世の生活以後のものは何もないとしても、たとえ死の瞬間に何も新しいものがもたらされないとしても、神の憐れみの無限な充溢はすでにひそかに、この世のうちに完全に現存しています。

もし不合理なことを仮定してみて、わたくしが大罪をおかしたことがないのに、死んで地獄に落ちたとしても、やはりわたくしは自分の地上の生活のゆえに、神の無限な憐れみに無限な感謝をいだくことでしょう。どんなにこの世で成功しなかったとしても、そう思うのです。そういうことを仮定しても、やはりわたくしは自分が神の豊かな憐れみの分け前にあずかったと考えるでしょう。というのは、わたくしたちはこの世にあるときから、神を愛して、神が現実の、永遠な、完全な、無限な喜びを実体とするものであると確信する能力を受けているからです。わたくしたちは肉のおおいを通じて、いと高きところから、このことについてすべての疑いを消し去るのに十分な永遠の予感を受けております。

これ以上に何を求め、何を望みましょうか。母や恋する女は自分の息子や恋人が喜んでいるという確信があれば、心の中にほかのことを求めたり望んだりできるような考えをいだかないでしょう。わたくしたちはもっとそれ以上のものを持っているのです。わたくしたちが愛しているのは完全な喜びそのものです。それがわかれば、来世の期待そのものが無用になり、意味がなくなります。望むべき唯一のものはこの世で不従順にならないという御恵みだけです。その他のものは神の方の問題であって、わたくしたちの問題ではございません。

ですから、わたくしの想像力はあまり長く絶え間ない苦痛に傷ついて、自分に救いが可能であるという考えを受けいれられませんけれども、わたくしには何も不足はございません。このことについて言ってくださいますことは、わたくしには、あなたが本当に友情を持っていてくださることを納得させるという結果にしかなりません。この点であなたのお手紙は大変貴重なものでございます。お手紙はわたくしの心の中にそのほかのはたらきをすることはできませんでした。けれどもほかのはたらきは必要なかったのです。

　わたくしは自分のみじめな弱さを十分に知っておりますから、おそらく少しばかり不運な廻り合わせがあれば、わたくしの魂は苦しみにみちて、長い間いまお話しましたような考えをいれる余地がなくなることと想像されます。けれども、そのことさえもあまり大事なことではありません。この考えの確実さは心の状態によるものではありません。この確実さはいつも完全に安定しております。

　ただ一つの場合にだけ、わたくしはこの確実さがわからなくなります。それは他人の不幸に触れる場合です。関係のない人たちや知らない人たちの不幸でもそうです。おそらくその方がなおさらそうで、そこには大昔の人たちも含まれます。他人の不幸に触れると恐ろしい苦痛を感じますので、わたくしの魂がばらばらに引き裂かれ、しばらくのあいだ神を愛することがほとんど不可能になります。もう少しで不可能になるのです。それでわたくしは不安になります。キリストがエルサレムの荒廃の恐ろしさを予見してお泣きになったこと〔マタイ福音書二三・三七―三八〕を思い出しますと、少し安心いたします。キリストは同情ということを許してくださるものと存じますから。

　わたくしが洗礼を受ける日があなたにとって大きな喜びになるとお書きくださいましたので、わたくしは苦しい思いをいたしました。あなたからこれほど多くのものをいただきましたあとで、こうして、あなたを喜ばすことがわたくしの力の範囲にありますのに、そうする考えが、一秒間も浮んで来ないのでございます。わたくしにはそれをどうすることもできません。わたくしに力を及ぼして、あなたを喜ばすことを妨げているのは神だけしかないと、本当に信じております。

単に人間的な関係の次元だけを考えましても、あなたに無限の感謝をいだいております。友情によってわたくしを容易に苦しめる力をえたすべての人が、あなた以外はみなときどきわたくしを苦しめて楽しみました。それはたびたびか、まれにか、また意識的にか、無意識にかなのですが、みな何度かそうしたのです。わたくしはそれが意識的であるのを知ると、相手に何も知らせないでナイフをとって友情を断ち切りました。

そういう人たちは悪意でそうしたのではなく、それは一羽のめんどりが傷ついているのを見ると、ほかのめんどりたちが飛びかかって、口ばしでつつくというよく知られた現象の結果でございます。

すべての人がそういう動物的な性質を持っています。そういう性質が他の人々に対する態度を規定するのです。自分でそれと知って、意志によってそうする場合もあり、そうでない場合もあります。ですから、ときどき考えの上では何も知らないのに、ある人の中の動物的な性質が他の人の中の動物的な性質の傷ついていることを感じて、それに反応をしめすことがあります。どんな状況であっても、またそれに対する動物的な反応がどんなものであっても、同じようになります。こういう機械的な必然性がすべての時にすべての人をとらえています。ただ人々の魂の中に本当の超自然的なものがどれだけの場所を占めているかに応じて、それを逃れているのです。

これについては部分的にさえも識別が困難です。けれども、もしその識別が本当に完全に可能であるとすれば、魂の生活の中の超自然的なものからその識別の標準がえられるでしょう。それは一つの秤のように確実で精確で、すべての宗教的信仰からまったく独立な標準です。キリストが「この二つの掟はただ一つのものである」〔神を愛する掟と隣人を愛する掟を指す。マタイ福音書二三・三九〕とおっしゃったのは、ほかの多くのことといっしょに、そのことを指しているのです。

わたくしがこの動物的な性質の機械的な反応のあおりを受けなかったのは、あなたのおそばだけでございます。あなたに対するわたくしの立場は、すべてを失っていつも飢えることになり、一年の間ときどき富める人の家に行ってパンを求め、そこで生れてはじめて屈辱を受けなかった乞食の立場に似ております。そういう乞食は、おのおののパンと交換に生命を差し出せるとしても、そしてもしすべての生命を差し出したとしても、自分の負い目が減少したとは思わないでしょう。

そのうえ、わたくしにとっては、あなたとの間では人間的な関係がたえず神の光を含んでいるという事実が、感謝をさらに高い段階に進めております。

それなのに、わたくしは何も感謝をあらわそうとしていないだけでなく、あなたについて、当然お怒りをさそうようなことを申し上げるかもしれないのです。あなたを怒らせるようなことを申し上げることも、考えることさえも、正しくないことなのです。わたくしにはそういう権利がありませんし、それをよく知っております。

けれども実際にわたくしはそういうことを考えましたので、それを黙っていることはできません。それが間違っているなら、何もあなたのお心を痛めることはないでしょう。それが真実を含んでいることもありえないことではございません。その場合には、神がわたくしの手に持ったペンを通じて、その真実をあなたにお送りになると信ずる余地があるでしょう。霊感によって送られるのに適した思想もあり、被造物を仲介にして送られる方がよい思想もあって、神は神の友との間にどちらかの道をお使いになります。どんなものでも、たとえば驢馬でもやはり仲介として役に立つこと〔民数記二二・二八〕があります。神はおそらくこの用途にごくつまらないものを選ぶこともお好きでございます。わたくしは自分の考えに恐れをいだかないために、こういうことを自分に言いきかせる必要がございます。

わたくしの霊的な自叙伝のあらがきを書いてお送りしましたときに、一つの意図がございました。あなたがはっきり意識されていない信仰というものの、具体的で確実な例を確認なさる可能性をつくって差し上げたかったのでございます。確実な例と申しましたのは、わたくしが嘘を言わないのを御存じであることを、わたくしは知っておりますからでございます。

間違っているにしても、正しいにしても、あなたはわたくしがキリスト者と呼ばれる権利があるとお考えくださいます。幼年期や青年期について述べるときに、わたくしは召命、従順、清貧の精神、純潔、受容、隣人愛といったような言葉を使っておりますが、それは厳密に現在のわたくしにとってのその言葉の意味で、使っているのです。けれども、わたくしは完全な不可知論の中で両親や兄に育てられました。そしてちっともそこからぬけ出そうという努力をいたしませんでした。ちっともそういう望みをいだかなかったのですが、それはわたくしの考えでは正しいことでした。それにもかかわらず、生れてから、わたくしのどんな過ちも、どんな不完全さも、本当に無知のために許されるものはありませんでした。小羊が怒りを発する日〔キリストの審判の時、黙示録六・六〕には、わたくしはすべてを清算しなければならないでしょう。

ギリシア、エジプト、古代インド、古代シナ、世界の美しさ、芸術や学問におけるこの美しさの純粋な本当の反映、宗教的信仰を欠いた心における人間の心の襞《ひだ》の光景、すべてこれらのものははっきりしたキリスト教的なものと同じように、わたくしがキリストにとらわれの身となることに役立ったというわたくしの言葉も、信じていただきたく存じます。もっとそれ以上のことを言ってもよいと思います。目に見えるキリスト教の外にあるこれらのものを愛することによって、わたくしは教会の外に引きとめられております。

こういう霊的な運命はあなたには不可知なものと思われるに違いありません。けれどもそのためにこそ、これは省察の対象となるべきものです。自分自身から外へ出ることを強いるものについて省察するのはよいことです。あなたがわたくしにいくらかの友情を本当に持っていてくださるということも、どうしてそういうことがありうるのかと、ほとんど想像できないくらいのことです。けれども明らかにそうなのですから、その友情をこの省察にもちいてもよいかと存じます。

理論的には、あなたははっきり意識されない信仰というものがあることを十分にみとめていらっしゃいます。実際的にもまた、あなたはごくまれに見られる精神のひろさと知的な誠実さを持っていらっしゃいます。でも、それでもやはり、わたくしの見るところでは、大変不十分なのです。完全なものだけが十分なものでございますから。

間違っているにしても、正しいにしても、わたくしはたびたびあなたに偏向的な態度がみとめられると思いました。とくに、実際、特殊な場合にははっきり意識されない信仰の可能性をみとめることに対して、ある種の嫌悪がみとめられると思いました。少なくともB氏のことをお話しましたとき、またわたくしが聖性からあまり遠くないと思うスペインの農夫のことをお話しましたときに、そういう印象を受けました。たしかにそれはわたくしのせいでございましょう。わたくしは不器用ですから、いつも自分の好きなもののことを話すと、そのものを悪くしてしまうのです。何度もそれを経験したことがございます。けれども、だれかがあなたに向って、自分の不幸を世界の秩序の一部として受けいれている不信者たちのことをお話するときには、それが神の御旨に従うキリスト者の場合と同じ印象をあなたにあたえてはいないように、わたくしには思われます。けれども、それは同じことでございます。少なくとも、もし本当にわたくしにキリスト者としての権利があるとすれば、わたくしは経験によってストア派の徳とキリスト教の徳とは唯一同一の徳であることを知っております。本当のストア的な徳は何よりも愛であって、ある粗野なローマ人たちが戯画にしてしまったようなものではありません。理論的には、あなたもそれを否定なされないように思われます。けれども、事実において、具体的な現代の実例において、ストア的な徳の超自然的な効力の可能性をみとめることをあなたはお嫌いになるのです。

いつか、あなたが正統的でないという意味で、偽りという言葉をお使いになりましたときにも、わたくしは大変苦しい思いをいたしました。あなたはすぐに言いなおしをなさいました。わたくしの考えでは、そこには完全な知的誠実さと相容れない用語の混乱があるのです。それが真理なるキリストの御旨にかなうことは不可能です。

それがあなたの重大な不完全さであることはたしかなように思われます。それではなぜあなたの中に不完全なところがあるのでしょうか。不完全であることは少しもあなたにふさわしいことではございません。それは美しい歌の中に一つ間違った音がはいっているようなものでございます。

その不完全なところと申しますのは地上の国として教会に執着なさることだと思います。教会は実際に、あなたにとっては、天国とのきずなであると同時に地上の国なのです。あなたはそこで人間的に熱のこもった空気の中で生きていらっしゃいます。これが多少の執着をほとんど避けられないものにしています。

この執着はあなたにとっては、十字架の聖ヨハネが語るような、ほとんど無限に細い糸であって、それは切られないかぎり、太い金属の鎖と同じ効果で鳥を地に引きとめるものです。最後の糸は、どんなに細くても、切るのに一番むずかしいと、わたくしは想像いたします。糸が切れれば飛び立たなければなりませんが、それは恐ろしいことだからです。けれどもまた糸を切る義務は絶対のものでございます。

神の子らは世界に存在する過去、現在、未来の人間のすべてとともに、世界そのもの以外には、この世に祖国を持つべきではありません。世界がわたくしたちの愛を受けるべき故郷なのです。世界よりも狭いものは、その中に教会も数えられますが、たとえ極度にひろい義務を課するとしても、それらの義務の中にそのものを愛する義務は含まれません。少なくとも、わたくしはそう思います。わたくしはまたそこには知性に関係のある義務もないと確信しております。

わたくしたちの愛は太陽の光と同じく、すべての空間にひろがり、空間のすべての部分に等しく注がれなければなりません。光が差別なくあたえられるのをまねて、天の父の完全性に達するように、キリストはお命じ〔マタイ福音書五・四八〕になりました。わたくしたちの知性もまたそのように完全に公平でなければなりません。

すべて存在するものは創造する神の愛によって、存在するように等しくささえられています。神の友はこの世のものに対して、自分の愛が神の愛と混同されるまでに、すべての存在を愛すべきです。

魂が全世界を等しくみたす愛に到達すれば、この愛は卵を破ってこの世を生み出す金の鳥になります。そのあとでは、その魂は世界を中から愛するのではなく、外から、わたくしたちの一番年長の兄〔キリストのこと〕である神の知恵のいますところから、世界を愛するのです。そういう愛は人やものを神において愛するのではなく、神のみもとから愛するのです。その愛は神のそばにありますから、神の視線とまじりあった視線を、そこからすべての人とすべてのものとの上におとすのです。

普遍的《カトリック》でなければなりません。すなわち被造物の全体にでなければどんな被造物にも、糸でつながれてはなりません。この普遍性は昔は聖者の意識の中でもはっきりしないものだったかもしれません。聖者たちははっきり意識しないで、魂の中に、一方では神と世界全体だけに向う愛に、他方では世界よりも小さなさまざまのものに向う義務に、正当な分け前をあたえていたのかもしれません。わたくしはアッシジの聖フランチェスコや十字架の聖ヨハネはそうであったと思っております。ですから二人とも詩人でございました。

隣人を愛さなければならないことはたしかですが、キリストがこの掟の説明としておしめしになった例では、隣人は裸で血を流して、道の上で気を失っている全然見知らぬ人〔ルカ福音書一〇・三三―三七〕です。これはまったく名前の出て来ない愛、それだからこそまったく普遍的な愛なのです。

キリストが弟子たちに「たがいに愛し合え」〔ヨハネ福音書一三・三四〕とおっしゃったこともたしかなことです。けれどもこれは友情のこと、すべての神の友をおのおのに結ぶべき個人的な友情のことだと思います。友情は、ただ普遍的にのみ愛すべきであるという義務の唯一の正当な例外です。そしてわたくしの考えでは、友情は、いわば隔りを保つ無関心という目のつまった蔽いですっかり囲まれていなければ、本当に純粋なものではありません。

わたくしたちは全然前例のない時代に生きていて、現在の状況では、かつてははっきり意識されなかったかもしれない普遍性も、いまでは十分にはっきり意識されざるをえなくなっております。普遍性が言葉やすべてのあり方にしみこんでいなければなりません。

今日では、聖者であるということはまだ何でもありません。現代の要求する聖性、新しい聖性が必要なのです。それも前例のないものです。

マリタン〔フランスのトマス主義の哲学者。一八八二〕もそう言っていますけれども、彼はいまのところ少なくとも効力のなくなった昔の聖性の様相を数えあげているだけです。

彼は今日の聖性がどんなに奇蹟的な新しさを含んでいなければならないかを感じていません。

聖性の新しいタイプはほとばしりであり、発明であります。すべての比例を守り、すべてのものをおのおのその位置に保つことによって、これはほとんど世界と人間の運命との新しい啓示に似たものです。これはこれまで厚いほこりの層でかくされていた真実と美との大きな部分をはだかにすることです。これにはアルキメデスが機械学や物理学を考え出した以上の天才が必要です。新しい聖性の方がもっと驚くべき発明なのです。

神の友らをしいて天才でないものにさせているのは、一種の邪悪だけです。なぜなら彼らがあふれるばかりの天才をえるためには、キリストの御名によって御父にそれを願い求めればよいのですから。

これは少なくとも今日では必要なものですから、正当な願いです。この形にしても、これに似た形にしても、この願いはいまなすべき第一の願いであり、おなかのすいた子供がいつもパンを求めるように、毎日毎時間求めるべき願いなのです。ペストの町が医者を欲するように、世界は天才をそなえた聖者を欲しています。欲求があるところには、義務があります。

わたくしはこのような考えや、それにともなうすべての考えを、自分では活用することができません。まず、怠慢のためにわたくしの中に存続させている大きな不完全さによって、わたくしはそれらの考えを適用できる点から、あまり大きくへだたりすぎております。これはわたくしの方の許せないことです。これほど大きなへだたりは、一番幸いな場合にも、ある時間をかけなければ、越えることができません。

けれども、たとえわたくしがすでにそのへだたりを越えていても、わたくしは腐った道具でございます。わたくしの体はあまり弱っております。そして、たとえ神が傷ついた体を回復させてくださる可能性を思うとしても、わたくしはそれを願い求める決心ができないと思います。たとえ神がそうしてくださることを確信したとしても、できませんでしょう。そういう願いはわたくしに不幸というたまものをくださった無限にやさしい愛の神にそむくことと、思われます。

どうしてか存じませんが、この考えはわたくしのようないたらぬものの中に生じました。この考えにだれも注意をはらおうとしなければ、この考えはわたくしといっしょに葬られてしまうでしょう。もしわたくしが思っているように、この考えが真実を含んでいれば、それは損になることでしょう。わたくしはこの考えに害をあたえているわけです。この考えがわたくしの中にあるために、人はこの考えに注意をはらうことを妨げられているのですから。

　わたくしがこの考えに注意をお願いできるのはあなただけです。わたくしに向けてくださいましたあなたの愛が、わたくしをそれて、わたくしの中の考えに向うことを望んでおります。その考えはわたくしよりもずっとよいものであると、信じたいのです。

　わたくしの中にくだった考えが、わたくしのいたらなさやみじめさに染まって、死に定められはしないかと思うことは、大きな苦痛でございます。わたくしは実を結ばないいちじくの話〔マルコ福音一一・一二―一四、二一〕を、ぞっとしないで読むことができません。あれはわたくしの肖像だと思います。あのいちじくも本性が無力だったのですが、それでも許されませんでした。キリストはいちじくを呪ったのです。

　そのために、わたくしの生涯には多分あなたに打ち明けて申し上げましたもののほかには本当に重大な罪はないでしょうけれども、合理的に冷静に見ますと、わたくしには多くの大罪人よりも当然神の怒りを恐れるべき理由が多いと思います。

　これはわたくしが実際に恐れているということではございません。奇妙な逆転で、神の怒りを考えても、わたくしの中には愛のほかに何も起ってまいりません。神の恩恵がありうることや、神の憐れみについて考えますと、一種の恐れが起り、戦慄が起るのでございます。

けれども、自分がキリストにとって実を結ばないいちじくのようなものであるという感情は、わたくしの心を引き裂きます。

さいわいなことに、もしそれがよい考えであれば、神はそれと同じ考えばかりでなく、もっとはるかによい他のたくさんの考えを、傷ついていないでその考えを活用できる人にお送りになることも、たやすくおできになります。

でも、わたくしの中にある考えが、少なくとも部分的には、何かあなたが使ってくださる考えにならないとはかぎりません。その考えはわたくしに少しばかりの友情、それも本当の友情を持っていてくださる方だけにしかもちいられないはずです。なぜなら、ほかの方々にとっては、いわばわたくしは存在しないからです。わたくしはある虫のように、枯葉の色をしております。

もし、ずっと書いてまいりましたことの中に、何か偽りとお思いになることや、不当な書き方とお思いになることがございましたら、お許しくださいませ。わたくしをお怒りにならないでくださいませ。

これから何週か何カ月かの間に何かお知らせしたり、お手紙をいただいたりすることができるかどうか存じません。けれどもこのように離されていることはただわたくしにだけ苦しいことで、したがって大したことではございません。

もう一度娘としてのわたくしの感謝と限りない友情をはっきり申し上げるだけでございます。

シモーヌ・ヴェーユ

ペラン神父のあとがき

シモーヌ・ヴェーユ宛ての私の返事を、ここに収録させていただきたい。この返事は発送できなかった。それに、私がシモーヌ・ヴェーユからの最後の便りを知ったときには、彼女はカサブランカを去っていたので、どこに宛ててこれを送るべきか最後までわからなかった。

＊　＊　＊

あなたのお手紙は思想とはっきり意識されずに提出された問題にみちていますから、一冊の本になるくらいの返事が必要でしょう。御一緒に真理を求めるあの話しあいは、またいつどこでできることでしょうか。

まず、繰り返して言いたいのは、私がキリスト教的でない善に対して包摂的でないとあなたに思われたことを、どれほど残念に思っているかということです。けれども私は世界中のどんな小さな善も神秘的に、しかし現実に、キリストに結ばれていないものはないことを確信しています。キリストは「万人を彼に引き寄せるために」死なれたのであり、キリストにおいて組立てられてキリストのものとならないものはないからです。聖パウロの言葉を繰り返せば、私たちの天上の国はキリストにおいて存在するのです。

この言葉はさらに進んで、他の形であなたの思想に一致します。この言葉の色あいと意味をつかむためには、古代人にとって国や国民がどういうものであったかを体験しなければならないでしょう。彼らの権利、彼らが地上に根をおろす場所、彼らの文化、彼らの家、彼らの利害などです。すべてそういうものは私たちにとっては天にあります。キリストは天におられるからです。キリストは私たちを救った後で、私たちの死すべき体そのものを栄光に変えるでしょう。

神の子らの心は天の父の心に似ていなければなりません。天の父の心にはねたみは近づくことができません。それは聖トマスが言うように、まず実体的な喜びである神の幸いな本性には、ねたみの悲哀が相容れないものだからです。つぎには、神が理想であると同時に源泉であり、目的であって、すべての善の善であるからです。神はすべての善を通じて御自身を愛し、聖書の言葉に従えば「御自身を楽しむ」のです。

神に定着することは何ものからも離れることではなく、私たちの精神の自由を変質することでもありえません。おそらくあなたはカトリック教会を社会的歴史的な様相、悲しいことに私たちのみじめさに従属する様相で見すぎるので、この見地からすると、すべての社会と同じように、カトリック教会も人間のために造られている、すなわち魂に奉仕するものであると、考えておられるのではないでしょうか。カトリック教会をキリストの花嫁、キリストの「充溢」として、愛の王国として見なければなりません。Roma の綴り変えは mora（ゆるみ、おくれ）ではなくて Amor（愛）であることに、はじめて注意したのは、あるロシア人だと思います。この神の愛の光においてのみ教会の秘義が発見されます。

教会は聖パウロが新しいエルサレムについて言ったように「私たちの母」であり、「魂の家」であり、私たちの祖国でありますが、国境がなくて、すべての善を受けいれ、結局愛となるすべての善によって構成される国であります。

教会はペテロが十字架につけられた死刑台とパウロが首を切られた刃以外にはカエサルに負うものがありません。ですから、あなたの反ローマ主義は安心してよいのです。

人間的な欠陥、偏見、不忠実、神のものに対する人間的なものの抵抗等を私たちは嘆くことができるし、また嘆かなければならないということは、あまりに明らかなことです。毎日教会は私たちに許しを乞うことを教え、自分をなおすように勧めています。教会は罪人の成員を持ちながら聖となり、偏狭な限られた成員を持ちながら普遍的であり、分裂する利己主義に染まった成員を持ちながら、一つになっているのです。教会には「キリストが彼らにおいて形成されるまで」神の子らを生む機能があります。洗礼によって教会につくか、キリストにつくかということは全く一つのことなのです。それは自分が完全であると信ずることではなく、完全な人々の集団にはいることでもなくて、キリストの成熟した背丈にならって成長しようと望む神の子らの集団にはいることです。

「権利上カトリック（普遍的）であって、事実上はそうでない」とあなたは言われました。権利上カトリックであるのは、教会がすべての人々のために造られているからであり、神はすべての人が真理を知るために来るのを見たいと望まれるからであり、すべての人が階級や民族や文化の区別なく、キリストにおいて唯一つになるからです。「あなたがたの中には、もはやユダヤ人も、異邦人も、ギリシア人も、蛮族もない……」。教会はこのすべての言葉、すべての文明、すべての国民の無数の群を、すでに秘義において素描しています。

しかしまた現実の普遍性も進展しています。それは福音を伝える人々と受ける人々との忠実性に委託された神のたまものであります。これを拡大すること、あるいは少なくともこれを実現することは、各人のつとめです。私たちが知性と資質を受けていればいるほど、この義務は強いものになります。

教会の破門宣告を非難するには、教会がそのためにどれほど涙を流すかを忘れてはなりません。使徒のように、「教会は泣きながらそれを語る」のですから。決して破門宣告はある良心の状態を審くものではありません。神の秘密だけが裁くのです。

秘蹟をさずけないということは、秘蹟を受けようと考える人が秘蹟をしるしとする信仰、教会がその守り手である信仰を持っていないからにすぎません。秘蹟を願うことは、この秘蹟という象徴が表現するものを信じていることを前提としているのです。これはあなたが御自分で感じておられることです。

また、教会のこのような決定がすべて同じ意味を持つのではありません。ある場合には、神の言葉の決定的な否定が問題になります。しかし、他の場合には、正統的な信仰と多かれ少なかれ調和しない命題が問題になります。それはその時には調和しない、不適当なものに見えるのですが、将来の探究によって正確になり、時がたつと他の観点にみちびかれることがあります。

できることなら、いつか私たちは一緒に神の御言葉を聞くために、お手紙の一節ずつを取りあげてみなければならないでしょう。

洗礼については、私はあなたのために洗礼を望み、いまもいっそう強く望んでいて、同じような場合にシエナの聖カテリナが言ったように、「鹿が生きた水の泉を望むような」気持ちですが、それはあなたもよく御存じのように、洗礼が恵みであり、大きな恵みであり、「水と霊によって生れる」ことであるからというのが唯一の理由です。「霊によって生れる」という言葉は神の恵みを約束しています。神の愛によって生れ変ることです。しかしまた御存じのように、神には時があります。神の恵みは神の見方に従って大きくなります。司祭は外に立っている「花婿の友」です。キリストだけが花婿であって、すべてはキリストに私たちの声を貸すこと、もっと正しく言えば、私たちを通じてキリストを語らせることです。私は洗礼者ヨハネのように、キリストの心と唇による「声」にすぎないものになれればよいと思います。

*　*　*

最近キリスト教の夜明け時代のアンティオキアの聖イグナティウスの手紙を読みなおしました。彼は主の言葉にあなたとは違った解釈をしていて、彼が殉教を望んでいるキリストとの親近性と同時に、司教の周囲に集まった共同体について、驚くべき意識を持っています。これほど源泉に近く、これほど聖霊に滲透された証言には、大きな価値をみとめるべきではないでしょうか。

＊　＊　＊

マリタンについては、「世俗の聖化」という思想を私は豊かで積極的なものだと思います。それに、いくつか他の著作を見なければならないでしょう。

J・M・ペラン

論　文

神への愛のために学校の勉強を活用することについての省察

ペラン神父のまえがき

この省察はシモーヌ・ヴェーユが一九四二年四月に書いたものだと思う。とにかく、彼女がこれをくれたのは、私を通じて、私がモンペリエに転任すると接触するはずだった、カトリックの学生たちのために役立てようとしたのである。

彼女は出発のとき、これを私に残していくことを忘れたので、カサブランカから送って来た。彼女のS宛ての手紙の中に、この文章のことが述べられている。

シモーヌはこの文章をきわめて重要視していた。彼女があらゆる困難、特にひどい偏頭痛から来る困難にもかかわらず、研究をつづける力をえている秘密が、この文章の中に打ち明けられている。

神を知る前には、真理に対するこの態度が彼女の大きな関心事の一つであった。後で彼女が神を知った時には、この態度の価値がそれによってさらにいっそうよく理解された。こうして真理に身をゆだねることが神にみちびき、神の意志にみちびくことを、そのとき発見したからである。

ここでシモーヌ・ヴェーユが、おのおのの学問の特殊な方法を考慮しない主観的な態度だけしか語っていないことに不満を述べるのは不適当であろう。科学の方法、文学の方法、科学の法則、芸術的創作の法則はそれぞれ別であるが、彼女は神との出会いという内面的な唯一の観点に立っている。しかし彼女が発見に目がくらんで、ほとんど常に「客観的」な観点を除外していることはみとめなければならない。そしてそれが、前に述べたように、彼女のカトリシズム研究の大きな難点であった。

勉強についてキリスト教的な考えを理解する鍵は、祈りが注意によって成立つということだ。祈りは魂にできるすべての注意を神に向けることだ。どんな注意をしているかということが、どんな祈りをしているかということを大きく左右する。心の熱でそれを補うことはできない。

祈りに、神との触れあいを生ずるだけの密度と純粋性がある場合に、注意の一番高い部分だけが神との触れあいをはじめる。しかし注意のすべてが神に向けられているのだ。

もちろん学校の勉強は注意の低い部分を発達させるものだ。それにもかかわらず、学校の勉強は祈りのときにはたらかせうる注意の能力を育てるために、十分に効果がある。そういう目的で、またそれだけを目的にして勉強するならば。

今日では知られていないようだが、注意のはたらきを養うことは勉強の本当の目標であり、ほとんど唯一の利益なのだ。学校の勉強の大部分にはまたそれぞれに内在的な利益があるけれども、そういう利益は第二義的なものだ。本当に注意力に呼びかけるすべての勉強は同じ資格で、ほとんど同等に利益がある。

神を愛する学生、生徒は「わたしは数学が好きだ」、「ぼくはフランス語が好きだ」、「ぼくはギリシア語が好きだ」などと言うべきではあるまい。彼らはそれらのすべてを愛することを学ぶべきだ。なぜなら神に向けられて祈りの実体そのものとなる注意を、それらすべての勉強が育てるからだ。

幾何に素質や自然な好みを持っていなくても、幾何の問題を考えたり、証明を研究したりすることが注意を発達させることに変りはない。かえって、そういうのが都合のよい状態だと言ってもよいくらいなのだ。

解き方を見つけたり、証明を理解したりすることは、本当に努力しなければならないけれども、それがうまく行くかどうかはあまり大事なことではない。どんな場合にも、本当の注意の努力は決して無駄にはならない。いつもそれは霊的に十分な効果があり、したがってまた、そのうえに、もっと低い面にも、すなわち知性の面にも効果がある。なぜならすべて霊的な光は知性を照らすものだから。

もし本当に注意して幾何の問題を解こうとしながら、一時間たっても、はじめからちっとも進んでいないとしても、その間の一分ごとに、もっと神秘的な他の次元で進んでいるのだ。それと知らなくても、感じなくても、外見では実りのないこの努力は、魂の中により多くの光をあたえている。実りはいつか後になって祈りのときにみとめられよう。もちろん実りはまたそのうえに、何か知性の領域に、おそらく数学とはまったく縁のない領域にもみとめられよう。おそらく、いつか、この効果のない努力をした人は、この努力のゆえに、ラシーヌのある詩句の美しさをいっそう直接にとらえることができるだろう。けれどもこの努力の実りが祈りのときにみとめられるに違いないということは確実であり、何の疑いもない。

このようなことは実験的に確認されるものだ。けれども、それを経験する前に信じなければ、そして少なくともそれを信ずるかのようにふるまわなければ、そういう確実さに近づくような経験をすることはないだろう。そこには一種の矛盾がある。霊的な進歩に役立つ知識は、ある点以上では、すべてこのようになっている。それらの知識を立証する前に行動の規準として採用しなければ、そして長い間ただ信仰だけによって、はじめは暗くて光のない信仰によって、それらの知識を承認していなければ、決してそれらを確実なものにすることはできないだろう。信仰は欠くことのできない条件である。

信仰の最善のささえは、人が父なる神にパンを求めるなら、父なる神は石をあたえはしないという保証である。はっきりした宗教的信仰の外でも、人間が真理をもっとよくとらえられるようになりたいという望みだけで、注意の努力をするたびごとに、たとえその努力が何も目に見える実を結ばなくても、その人は真理をとらえる適性を大きくしているのだ。エスキモーの寓話がそういう光の起源を説明している。「永遠の夜、食物を見つけられなかったからすは、光を欲した。すると地が照らされた」と。もし本当に望んでいれば、そしてもし望む対象が本当に光であれば、光の望みは光を生み出す。注意の努力があるときには、本当に望んでいるのだ。他のすべての動機がなければ、望まれているのは、実は光なのだ。たとえ注意の努力が、外見は何年も実りのないままであっても、いつの日かそれらの努力に正確につりあった光が、魂に侵入するだろう。おのおのの努力は、この世のものが何も奪うことのできない宝庫に、少しずつ黄金を加える。アルスの司祭〔J・ヴィアンネ（一七八六―一八五九）をさす〕が長い苦しい年月ラテン語を学ぼうとした無益な努力は、彼が言葉の背後に、また沈黙の背後にも告白する信者の魂をみとめた素晴しい識別力において、すべての実りをもたらしたのだった。

だから、よい点をとること、試験に及第すること、学校の成績をよくすることを何も望まず、自然の好みや適性にかかわりなく、すべての勉強がみな祈りの実体をなす注意力を養うのに役立つことを考えて、同じようにはげむべきだ。ある勉強をしているときには、それを正しくやろうとしなければならない。なぜなら、本当の努力があるためには、そういう意志は欠くべからざるものだから。しかしこの直接の目標を通じて、深い意図はもっぱら祈りのための注意力の養成に向けられていなくてはならない。ちょうど、ものを書くとき紙の上に字の形を描くのは、その形のためではなくて観念を表現するためであるように。

勉強にこの意図だけをいれて、他のすべてを排除することが、勉強を霊的に活用するための第一条件である。第二の条件は、うまく行かなかった課題練習のおのおのについて、そのみにくい凡庸さを正面から見つめ、長い間注意してながめて、言いわけを探さず、どんなあやまちも先生の訂正もなおざりにせず、おのおののあやまちの起源にさかのぼろうとするように努めることだ。その反対をやって、訂正されたものを横目で見て、できが悪ければ隠そうとする誘惑は大きい。ほとんどすべての人がつねにそうやっている。この誘惑を拒否しなければならない。なおついでに言えば、学校で成功するにも、これほど必要なことはない。というのは、どんなに努力しても、自分の誤りと先生の訂正に注意することを嫌うならば、大した進歩をしないで勉強することになるのだろうから。

とくに、学校の進歩のすべてよりも無限に貴重な宝である謙遜の徳は、こうしてえられる。この点では自分の愚行を熟視することは、おそらく罪を熟視するよりも有益である。罪の意識は自分が悪いものだという感情を生じ、それはときどき、ある種の高慢のたねになることもある。学校の勉強の馬鹿な失敗に目と魂の視線を無理に固定せざるをえないときには、自分が何か凡庸なものであることを、どうしてもはっきり感ずることになる。これほど望ましい認識はない。心をつくしてこの真実を知るようになれば、本当の道にしっかりと足をつけたのだ。

この二つの条件が完全にみたされれば、学校の勉強は疑いもなく聖性に向う立派な道の一つである。

第二の条件をみたすには、それを欲しさえすればよい。第一の条件は同じではない。本当に注意をはらうためには、どうやってそうすべきかを知らなくてはならない。

たびたび人は注意を一種の筋肉の努力と混同している。生徒に向って「さあ注意なさい」と言うと、生徒たちは眉をよせ、息をとめ、筋肉を収縮させる。二分たってから、何に注意しているのかとたずねると、何も答えられない。彼らは何についても注意してはいなかった。注意をしなかったのである。彼らは筋肉を収縮させていたのだ。

勉強のとき、人はしばしばこういう筋肉の努力をする。しまいに疲れると、勉強したという気持になる。これは錯覚である。疲労と勉強とは関係がない。疲れても、疲れなくても、勉強は有用な努力である。そういう筋肉の努力はたとえよい意図で行われても、全然実りのないものだ。その場合のよい意図は地獄を舗装するよい意図なのだ(1)。そういう勉強がときには学校の点や試験から言えばよい結果を生ずることもある。けれどもそれは努力のためではなくて、自然の素質のためだ。そういう勉強はいつも無益である。

必要なら歯をかみしめて苦痛にたえる意志は、手仕事の徒弟の主要な武器だ。けれども、ふつう信じられているのとは反対に、そういう意志は勉強にはほとんど用がない。知性は願望によってしかみちびかれない。願望があるためには、楽しみと喜びがなければならない。知性は喜びの中でなければ、大きくならないし、実を結ばない。走る人に息が必要なのと同じように、勉強には学ぶ喜びが欠くべからざるものだ。学ぶ喜びが欠けているところには、勉強する人はいなくて、年期を終えても仕事が身につかない徒弟の可哀そうな戯画がある。

勉強におけるこのような願望の役割こそ、勉強が霊的な生活の準備となることを可能にするものだ。というのは、神に向けられた願望だけが、魂を上昇させることのできる力だから。あるいはむしろ、魂をとらえて上昇させるのは神だけだけれど、願望だけが神の下降を強いるものだからだ。

神は神に来ることを求める人々のもとにしか来ない。そしてたびたび、長い間、熱心に求める人々のもとには、神はくだって来ないわけに行かないのだ。

注意とは一つの努力であり、おそらく一番大きな努力であるが、しかし消極的な努力である。それ自身では疲労をともなわない。疲労が感じられるときには、すでによく訓練されているのでなければ、もう注意はほとんど不可能になっている。そのときにはあきらめて、休みを求め、少したってからまたはじめて、息を吸ったり吐いたりするように、ゆるめたり緊張したりする方がよい。

二十分間強い注意をつづけて疲れない方が、肩をひそめながら三時間同じことをやって、義務を果した気持で「わたしはよく勉強した」と言うよりも、はるかに価値がある。

そして外見とは違って、この方がまたずっとむずかしいことだ。わたくしたちの魂には、肉が疲労を嫌うよりも、ずっとはげしく本当の注意を嫌う何ものかがある。この何ものかは肉よりもずっと悪に近い。それだからこそ、人は本当の注意をするたびごとに、自分の中の悪を破壊する。この意図をもって注意をすれば、十五分間の注意には多くの善行に等しい価値がある。

注意というのは自分の思考を定着させずに、動かしうるもの、空洞なもの、対象の滲透しうるものにしておき、自分の中で利用すべきさまざまの知識を、思考に近いけれどももっと低くて思考に触れないところに保つことだ。思考はすでに形成されたすべての特殊な思考に対して、ちょうど山の上にいる人が前を見ながら、同時に下の方に多くの森や平原を、見ないでみとめているのと同じようにしなければならない。そしてとくに思考は空洞で、待ちかまえていて、何も求めないが、そこに滲透すべき対象をそのはだかの真実において受けとろうとしていなければならない。

訳読のすべての誤り、幾何の問題の解答のすべての不合理、フランス語作文のすべての悪い文体や観念の連鎖の欠陥、そういうすべてのものは思考があわてて何かに走って行って、早くみたされすぎるために、真理の方へ動かなくなったところから来るものだ。原因はいつも人が積極的であろうとしたところにある。探そうとしたのだ。このことは、根源にさかのぼってみれば、いつでも、どんな誤りにも立証することができる。この立証より以上によい訓練はない。というのは、この真実は百回も千回も経験しなければ信じられないような真実に属するからだ。すべて本質的な真実はそういうものである。

きわめて貴重な善は探すべきものではなくて、待つべきものだ。というのは、人はそれらを自分の力で見つけることはできないし、探しはじめると、偽りの善にとらえられて、その偽りを識別できないことになるからだ。

幾何の問題の解答はそれ自身としては貴重な善ではないが、これにも同じ法則があてはまる。なぜなら、これは貴重な善のかたどりだからだ。特殊な真理の小片として、唯一の永遠な生きた真理、すなわちかつて人間の声で「われは真理なり」と言ったあの真理の純粋なかたどりだからだ。

こう考えると、すべての学校の勉強は秘蹟に似ている。

学校のすべての勉強には願望をもって、真理を探さずに、真理を待つ独特のやり方がある。解答を探さずに幾何の問題の所与に注意し、意味を探さずにラテン語やギリシア語のテキストの言葉に注意し、書いているときには、ただ不十分な言葉だけをしりぞけて、正しい言葉がひとりでにペンの下に出て来るのを待つのだ。

学生生徒に対して第一になすべきことは、彼らにこの方法を一般的に知らせるばかりでなく、おのおの勉強に結びついた特殊な形で知らせることだ。これは先生たちの義務であるばかりでなく、また霊的な指導者の義務でもある。そして霊的な指導者はさらにおのおのの勉強における知性の態度と、ランプに油をさして信頼と願望をもって花婿を待つ魂の状況〔マタイ福音書二五・四〕との間の類似に、十分な光を、輝く光をあてるべきだ。すべて神を愛する若い人たちはラテン語の訳読をしているときにも、主人が宴会に行っている間戸口で、主人が戸をたたくや否やあけようと目ざめて耳をそばだてているあの奴隷〔ルカ福音書一二・三七〕のようになる瞬間に、少しでも近づくことを願わなければならない。そのとき主人はその奴隷をテーブルにつかせて、自分で彼に給仕するのだ。

主人にそういう行き過ぎたやさしさを強いることができるのは、ただあの期待、あの注意だけだ。奴隷が畑で疲れきってしまえば、主人はこう言うだろう。「わたしの食事を用意して、給仕しなさい」と。そして、ただ命ぜられたことだけしかしない役に立たない奴隷として取りあつかうのだ。たしかに行動の領域では、どんな努力や疲労や苦痛があっても、命ぜられたことはすべてしなければならない。従順でない人は愛していない人だから。けれども、それをやっても、役に立たない奴隷であるにすぎない。それは愛の一つの条件だけれども、それだけでは足らない。主人が奴隷の奴隷になって、奴隷を愛するようにしいられるのは、まったくそういうことによるのではない。まして、奴隷が大胆に自分の考えで何かを企てようとすることによるのではない。それはただ奴隷が目ざめて、待って、注意していることだけによるのだ。

だから少年期と青年期をただこの注意力の養成のために過す人々は、さいわいである。たしかに、彼らが畑や工場ではたらく兄弟たちよりも恵みに近いというわけではない。別の意味で近いのだ。農夫や労働者は、貧しさや社会的地位の低さや長くゆるい苦痛の底にただようたぐいない味わいをもって、神の近くにあるものだ。けれども、やっていること自体を考えると、勉強はその中核をなす注意ということによって、いっそう神に近いものだ。何年も勉強を続けながら、自分の中にこの注意力を養わない人は、大きな宝を失っているのだ。

注意を実体とするものは神への愛だけではない。それと同じ愛であることが知られている隣人愛も、同じ実体でできている。不幸な人たちには、この世では彼らに注意をはらうことのできる人々しか必要ではない。不幸な人に注意する能力は大変にまれで、むずかしいものだ。これはほとんど奇蹟に近い。一つの奇蹟である。この能力を持っているつもりの人々が、ほとんどみな持っていない。熱意も心の躍動も憐れみも十分ではない。

グラールの最初の伝説(2)では、聖なるいけにえの力ですべての飢えをみたす奇蹟の石グラールを手に入れる人は、この石を保管している王に向って最初につぎのように言った人だ。その王はひどい傷で体の大部分が麻痺しているのだが、彼に向って「あなたの苦しみはどんなですか」と言う人がグラールをえるのだ。

隣人愛にみちているということは、ただ隣人に向って、「あなたの苦しみはどんなですか」とたずねることだ。それは不幸な人が集合体の単位としてではなく、「不幸な人」というレッテルをはった社会の階級の一例としてでもなく、わたくしたちによく似た人間がある日不幸によってだれもまねのできない刻印をおされたものとして、存在するということを知ることなのだ。そのためには、その人にある種の視線を向けることを知っていればよいのだが、またそれが欠くべからざることだ。
この視線は第一に注意深い視線である。このとき魂はありのままに、すべての真実において見ている存在をそれ自身において受けいれるために、魂自身の内容をすべてからにしている。注意のできる人だけにそれができるのだ。

ラテン語の訳読でも、幾何の問題でも、たとえうまく行かなかったときでも、ただ適当な種類の注意がそそがれていれば、不思議なことのようだが、いつか後になって機会が来たときに、不幸な人の極度の困窮の瞬間にうまく援助をあたえるために役立つことができる。

この真実をとらえることができて、ほかの何よりもこのような実りを望むひろい心の若者には、すべての宗教的な信仰の外にあっても、勉強が十分に霊的な効果をあげるだろう。

学校の勉強は真珠が埋まっている畑〔マタイ福音書一三・四四〕の一つであって、この真珠は、すべての持ち物を売って何も残らなくても買うだけの値打ちがあるものだ。

【訳注】

（1）「地獄はよい意図で舗装されている」という格言がある。意図だけで実行されなければ無益だという意味。

（2） ヨーロッパの中世の伝統では、キリストの最後の晩餐にもちいた聖杯《グラール》はその後英国に持ち去られて、隠されているとされていた。中世フランスのいくつかの物語はこの聖杯を求める騎士たちの冒険を主題にしている。

神への愛と不幸

ペラン神父のまえがき

この省察はシモーヌ・ヴェーユが一九三四年から五年にかけて労働者の生活をした時の不幸についての経験と、キリストとの出会いの経験とを結合している。

彼女がその二つを一緒に十分に体験したのは、ティボンが序文の中で言うあの恐るべき日々の間であって、この時期にはまた彼女は主の祈りを発見している。

この省察は一九四二年の春に書かれたものと思われ、彼女の出発の数日前に、私に送られた。

苦しみの中で不幸はかけはなれた独特なもの、他に還元できないものだ。不幸は単なる苦痛とはまったく別のものだ。不幸は魂をとらえて、不幸だけに属する印、奴隷の印を魂の底までおしつける。古代ローマの奴隷はただ不幸の極端な形であるにすぎない。この問題をよく知っていた古代人たちはこう言った。「人は奴隷になった日に魂の半分を失う」と。

不幸は肉体の苦痛から切りはなせないけれど、まったく別のものだ。苦しみの中で、肉体の苦痛や何かそれに似たものに結びついていないものは、すべて人工的なもの、想像上のものであって、おそらく思考を適当にととのえれば消えるものだ。愛する人がいないとか死んだとかの場合にも、悲しみのどうにもならない部分は、何か肉体の苦痛のようなもの、呼吸困難や心臓の圧迫、欲求不満、ひもじさ、それまでは執心によって方向づけられていたエネルギーが方向を失って急に解放されたことによるほとんど生物学的な混乱のようなものだ。そういうどうにもならない核のまわりに集まっているのでない悲しみは、単にロマンティシズムであり、文学的なものである。屈辱というものも、辱しめを受けて爆発したいのに、無力や恐怖によっておさえられなければならない体全体の無理な状態なのだ。

ところが単なる肉体の苦痛はごく小さなもので、魂に何も痕を残さない。歯の痛みを例にあげよう。齲歯のためにはげしい痛みが何時間かつづいても、一度過ぎ去れば、何も残らない。

大変に長くて、たびたび起る肉体的な苦痛はそれとは違う。けれどもそういう苦痛は、しばしば苦痛とはまったく別のものになるのだ。それはしばしば一つの不幸なのだ。

不幸は生命が根こぎにされることであり、多少とも軽減された死に等しいものであり、肉体の苦痛に触れるか、直接それを恐れるかによって、どうしても魂に現存するものとなる。肉体の苦痛が全然なければ、魂の不幸はない。なぜなら思考がどんな対象にでも向って行くからだ。思考は動物が死から逃げるのと同じように速く、同じようにおさえがたく、不幸から逃げる。この世で思考をつなぎとめることができるのは、肉体の苦痛だけで、ほかにはない。ただしこの場合、記述がむずかしいけれど肉体的で肉体の苦痛と厳密に同等ないくつかの現象は、肉体の苦痛の中に入れて考えている。肉体の苦痛に対する恐れはそういうものの一つである。

思考が肉体の苦痛にしいられて、その苦痛は軽いものであっても、それによって不幸の現存をみとめるときには、死刑囚が自分の首を切るギロチンを何時間もながめることを強いられているのと同じようにひどい状態になる。人間はこのひどい状態で二十年も、五十年も生きることができる。ほかの人はそれと気づかずに、不幸な人々のそばを通っている。キリスト自身がだれかの目を通してそれを見るのでなければ、だれが不幸な人々を識別できよう。ただ、彼らがときどき変な素振りをすることがあって、人はそういう素振りを非難している。

ある生命をとらえて根こぎにしたできごとが、直接にか間接にか、社会的、心理的、肉体的にその生命のすべての部分に達していなければ、本当の不幸はない。社会的な因子は本質的なものだ。何かの形で社会的な堕落かその心配かがなければ、本当の不幸はない。

悲しみはたとえ激しい、深い、長続きするものであっても、本来の意味の不幸とは別のものだから、不幸とすべての悲しみとの間には、水が沸騰する温度のように、連続と同時に境界がある。境界の向うに不幸があって、こちら側にはない。この境界は純粋に客観的なものではない。各種の個人的な因子がはいって来る。同じできごとがある人を不幸に追いやるけれども、他の人にはそうでないことがある。

人生の大きな謎は苦しみではなくて、不幸である。罪のない人が殺されたり、虐待されたり、追放されたり、収容所や独房で悲惨な生活や奴隷状態におとされたりすることは驚くにあたらない。そういうことをするような犯罪者がいるからだ。病気によって、生命が麻痺して死のかたどりをつくり出すような長い苦痛があることも、驚くにあたらないことだ。なぜなら自然性は機械的な必然の盲目のはたらきに従うからだ。けれども不幸が罪のない人の魂そのものをとらえて、至高の支配者として魂をつかんでいるように、神が不幸に力をあたえたということは、驚くべきことだ。一番よい場合でも、不幸の印をうけている人は、自分の魂の半分しか自由にならないだろう。

半分つぶされた虫のように、地面の上をのたうちまわるような打撃をうけた人々には、自分の身に起ったことを表現する言葉がない。彼らが出会う人々は、多くの苦しみをなめていても、本来の意味の不幸に触れたことがなければ、それがどういうものなのか全然わからない。それはつんぼの人にはどうやっても音をわからせることができないのと同じように、ほかのどんなものにも還元できない独特のものなのだ。そして自分が不幸で傷ついている人たちは、だれにも助けをあたえるような状態ではないし、助けをあたえようと欲することもほとんどできない。だから不幸な人に同情することは不可能なことだ。本当に同情が生れたとすれば、それは水の上を歩くことや病人をなおすことよりも、また死者の復活よりも驚くべき奇蹟である。

不幸におちいると、キリストも免れることを願い、人々の間になぐさめを求め、父なる神に棄てられたと信じないではいられなかった。不幸におちいると、義人も神に反抗の叫びをあげないではいられなかった。ヨブは単なる人性にともないうるかぎりもっとも完全な義人であり、歴史的な人物であるよりもキリストのかたどりであるとすれば、それ以上に完全な義人なのだ。「彼は罪のない人々の不幸を笑う。」これは冒涜ではない。これは苦痛からしぼり出された本当の叫びなのだ。『ヨブ記』ははじめから終りまで真実と真正の純粋な素晴しさである。このモデルからはなれた不幸についての言葉は、すべて多少とも嘘で汚れている。

不幸はしばらく神を不在にする。死人よりも不在であり、真暗な独房の中の光よりも不在である。一種の恐怖が魂全体を浸す。この不在の間には、愛すべきものはない。恐ろしいのは、愛すべきもののないこの闇の中で、魂が愛することを止めると、神の不在が決定的になることだ。たとえ魂の無限に小さな一部でも、むなしく愛すること、あるいは愛そうと欲することをつづけなければならない。そうすれば、ヨブの場合のように、いつか神はその魂に御自身をあらわして、世界の美しさを示してくださるだろう。けれども魂が愛することを止めれば、この世にありながらほとんど地獄に等しいところに落ちこむことになる。

だからこそ、不幸を受けいれる準備のない人々を不幸に陥れる者は、魂を殺してしまう。他方から言えば、不幸がすべての人に落ちかかっている現代のような時代には、魂への救いは、実際に魂を不幸のためにそなえさせるところまで行かなければ、効果がない。これは些細なことではない。

不幸が魂をかたくなにし、絶望させるのは、不幸が魂の底まで、いわば真赤に焼けた鉄で、自分自身に対するあの侮蔑、あの不快、あの嫌悪を刻印し、罪と汚れの感覚を刻印するからだ。それは論理的には罪の行いが生み出すはずであるのに、実際には生み出さないものだ。悪は罪人の魂の中には、それと感じられずに住んでいる。悪は罪のない不幸な人の魂の中で感じられるのだ。まるで、本質的に罪人に適する魂の状態が、罪からはなれて、不幸と結びついたかのようになっている。しかもそれが不幸な人々の罪のなさに比例して結びついているのだ。

ヨブが自分に罪がないことをあれほど絶望的な調子で叫ぶのは、自分でそれを信じられないからであり、彼の魂が彼の友だちの側についているからだ。彼は神自身の証言を嘆願する。なぜなら、もう自分の良心の証言が聞こえないからだ。それは、彼にとっては、もはや抽象的な死んだ回想にすぎなくなっている。

人間の肉体的な本性は動物と共通のものだ。めんどりたちは傷ついためんどりにとびかかって、つつこうとする。これは重力と同じようにメカニックな現象だ。わたくしたちの理性が罪に結びつけるすべての侮辱、すべての嫌悪、すべての憎悪を、わたくしたちの感受性は不幸に結びつける。キリストが魂の全体を占めている人々を除いては、すべての人が、ほとんどだれも意識していないけれども、不幸な人を侮蔑している。

こういうわたくしたちの感受性の法則は、自分に対しても同じようにはたらくものだ。この侮蔑、この嫌悪、この憎悪が、不幸な人にあっては、自分自身に向い、魂の中心にしみこんで、そこから、それらの毒のある色彩で、宇宙全体を彩ることになる。超自然的な愛が生き残っていれば、この第二の結果が生ずることは防げるけれども、第一の結果を防ぐことはできない。第一の結果は不幸の本質そのものだ。これが生じないところには、不幸はない。

「彼はわたしたちの呪いになった」〔ガラテア人への手紙三・一三〕。呪いにされたのは、木につるされたキリストの体だけではなくて、またキリストの魂全体でもある。それと同じように、すべて不幸にある罪のない人は自分が呪われていると感ずる。かつて不幸であって、運命の変化で不幸から引き出された人々も、十分に深く傷をうけていれば、やはりそうである。

不幸のもう一つの結果は魂の中に無気力という毒を注入して、少しずつ魂を不幸の共謀者にすることだ。だれでも十分に長く不幸だった人には、自分の不幸との一種の共謀関係がある。この共謀関係はその人が自分の運命を改善しようとするすべての努力につきまとう。それはその人が不幸から解放される手段を探すのを妨げ、ときには解放を願うことまで妨げる。するとその人は不幸の中に住みついていて、人々はその人が満足しているのだと思うこともある。さらにこの共謀関係は、その人が心ならずも解放の手段を避けて逃げるように、その人を押し進めることがある。その場合この共謀関係はときどき滑稽な口実におおわれている。不幸からぬけ出した人でも、魂の底まで永遠に傷つけられていれば、まるで不幸がその人の中に寄生虫のように住んでいて、思いのままにその人をみちびいているかのように、もう一度不幸の方へ押し進めるものが残っている。ときどきこの衝動は魂が幸福に向うすべての動きに勝ってしまう。もし不幸がある恩恵の結果によって止んだときには、それが恩恵をあたえてくれた人への憎悪をともなうこともある。これは一見説明のできない粗野な忘恩の行為の原因になる。ときには、不幸な人を現在の不幸から解放することはやさしいが、過去の不幸から解放することはむずかしい場合もある。神だけにはそれができる。しかし神の恵みでさえも、癒しがたく傷ついた自然性をこの世で癒すことはできないのだ。復活したキリストの栄光の体にも傷痕がある。

不幸をへだたりとして見るのでなければ、不幸の存在を受けいれることはできない。神の創造は愛によるもの、愛のためのものだ。神は愛そのものと愛の手段のほかには創造しなかった。神はさまざまな形の愛を創造した。神は愛をいだきうるものをさまざまなへだたりに創造した。神自身は最大限度のへだたり、無限なへだたりに遠ざかった。ほかのものにはそれができなかったから。神と神との間のこの無限なへだたり、至上の分裂、ほかに似たもののない苦痛、愛の驚異、それが十字架である。呪いとされたもの〔ガラテア人への手紙二・一三参照〕ほどに神から遠くはなれることはできない。

至高の愛が至高のきずなを結ぶこの分裂は、たえず宇宙を通じて、沈黙の底に、はなれて溶けあう二つの調べのように、純粋ではげしい調和音のように鳴りひびいている。これこそ神の「言葉」なのだ。創造のすべてはその振動にすぎない。人間の音楽が最も偉大な純粋性においてわたくしたちの魂をつらぬくとき、その音楽を通じて聞こえるのはそれだ。わたくしたちが沈黙に耳を傾けることができたとき、沈黙を通じていっそうはっきりととらえるのはそれなのだ。

愛においてたえしのぶ人々には、不幸によっておちいった転落の奥底に、この調べが聞こえる。そのときから、もう彼らは何の疑いもいだかない。

不幸に打ちひしがれた人々は十字架の足もとにあり、可能なかぎり神から最も遠くへだたっている。罪の方がもっと遠いと思ってはならない。罪はへだたりではない。罪は視線が悪い方向に行っているものだ。

このへだたりと原罪の不従順との間には、神秘的なつながりがある。最初から人類は視線を神からそらして、行かれるだけ遠く悪い方向に歩んだと言われている。それは、そのとき人類に歩むことができたからだ。わたくしたちはと言えば、いまの場所に釘づけになっていて、ただ視線が自由であるだけで、必然性に従属している。霊的な完全性への段階とまったくかかわりない盲目のメカニズムが、たえず人々を揺り動かして、何人かの人々を十字架の足もとに投げる。動揺の中で目を神に向けておくかどうかということだけが、彼らにできることだ。神の摂理がはたらいていないのではない。神は摂理によって、盲目のメカニズムとして必然性がはたらくようにしているのだ。

メカニズムが盲目的でないとしたら、一切の不幸はないはずだろう。不幸は何よりも無名なもので、とらえた人々から人格性を奪って、その人々を物にしてしまう。不幸は無関心であって、不幸に触れるすべての人々を魂の底まで凍らせるのは、この無関心の冷たさであり、これは金属のような冷たさだ。彼らはもはや熱をとりもどすことがない。彼らはもはや自分がだれかであることを信じなくなる。

不幸の中に偶然が含まれていなければ、不幸はそういう力を持たないことだろう。信仰のために迫害されても、そういう迫害であることを知っている人々は、苦しまなければならないとしても、不幸な人々ではない。苦痛や恐怖が魂を占領して、迫害の原因を忘れさせる場合にだけ、彼らは不幸におちいる。野獣にわたされる殉教者たちが歌いながら競技場にはいって行くとき、彼らは不幸ではなかった。しかしキリストは不幸な人だった。キリストは殉教者として死んだのではない。キリストは一般の法律上の罪人として、盗賊にまじって、ただもう少し滑稽なものとして死んだ。不幸は滑稽なものだから。

人々を極端にへだたったところへ、十字架のすぐそばへ投げることができるのは、盲目的な必然だけしかない。大部分の不幸の原因である人間的な罪は盲目的な必然の一部をなすものだ。罪人は自分がしていることがわからないのだから。

二つの形の友情、出会いと別離とがある。二つは分けられないものだ。二つとも同じ善、唯一の善、友情を含んでいる。というのは、友だちでない二人が近づいても、出会いはないし、遠ざかっても、別離はないからだ。出会いと別離は同じ善を含み、同じようによいものだ。

わたくしたちが自分の外に物をみじめにつくったり、知ったりするのと同じように、神は完全に神自身を生み出し、神自身を認識する。けれども、何よりも神は愛なのだ。何よりも神は神自身を愛する。この愛、神におけるこの友愛が三位一体なのだ。神の愛の関係によって結ばれるその三つの項の間には近さより以上のものがある。無限の近さ、同一性がある。けれども創造、托身、受難によって、また無限のへだたりもある。空間の全体、時間の全体がその厚みで神と神との間に無限のへだたりをつくっている。

愛人や友だちは二つの望みを持っている。一つはたがいにはいりこみ合って、ただ一つのものになるほどに愛しあうことだ。もう一つは二人の間に地球の半分のへだたりがあっても、二人の結びつきが少しも弱まらないほどに愛しあうことだ。人間がこの世でむなしく望むすべてのことが、神にあっては完全で、現実になっている。それらの不可能な望みは人間にあっては人間の運命のしるしのようなものであり、わたくしたちがそれらの実現を期待しなくなるなら、それらの不可能な望みはわたくしたちにとってよいものである。

神と神との間の愛はそれ自身が神であって、この愛は二つの効果のあるきずなになる。これは二つの存在を識別できないまでに、現実に唯一であるまでに結合するきずなであり、へだたりを越えて、無限の分離にも打ち克つきずなである。すべての複数性が消える神の統一と、キリストが父を完全に愛しながらも自分が棄てられたと思ったあの放棄、これが神自身なる同一の「愛」の二つの効果である。

神は本質的に愛なのだから、ある意味で神の定義そのものである統一性は、愛の単純な結果である。そしてこの愛の無限の統一力は、それが打ち克つ無限の分離に対応するものだ。その分離とは、キリストと父なる神の間におかれて、時間空間の全体を通じてひろがる機械的な粗野な物質でつくられた被造世界の全体のことである。

わたくしたち人間は、人間のみじめさによって、神の子と父との間のこのへだたりにあずかるという無限に貴重な特権をえている。けれどもこのへだたりは、愛をいだく人々にとってだけ分離なのである。愛する人々にとっては、分離は苦しいものであっても、一つの善である。なぜなら分離が愛なのだから。神に棄てられたキリストの苦悩は一つの善である。この世のわたくしたちには、その苦悩にあずかることより大きな善はありえない。この世では、肉のために、わたくしたちには神が完全に現存することはできない。けれども、極端な不幸のとき、ほとんど完全に神が不在になることがある。それが地上のわたくしたちにとって、完全になるただ一つだけの可能性である。それだからこそ、十字架はわたくしたちの唯一の希望である。「どこの森にも、この花、この葉、この芽をつけたこのような木はない」〔キリストの受難の日のミサの中の言葉〕。

わたくしたちが一つの細胞として生きているこの世界は、神の愛が神と神との間においたへだたりなのだ。わたくしたちはこのへだたりの中の一点なのだ。空間と時間と物質を支配する機械的な動きがこのへだたりである。わたくしたちが悪と名づけるすべてのものは、この機械的な動きにほかならない。神は恵みが人間の中心にしみこんで、そこからその人のすべての存在を照らすときに、その人がそれによって自然の法則をおかすことなく水の上を歩けるようにした。けれども神からそれると、その人はまた重力に身をゆだねる。そして自分が意欲したり選択したりするのだと思っているけれども、その人は一つのもの、落ちる石にすぎない。本当に注意深い目で人間や社会をよく見ると、超自然の光の力がないところでは、どこでも、すべてが物体の落下の法則と同じように盲目的で正確な機械的法則に従っている。これを知ることは有益で必要なことだ。わたくしたちが罪人と呼ぶ人々は、風で屋根からはがれて、偶然に落ちる瓦にすぎない。彼らの唯一のあやまちは、彼らをそういう瓦にした最初の選択だけなのだ。

必然性のメカニズムはすべての水準に、なまの物質にも、植物にも、動物にも、諸国民にも、魂にもはたらいて、似たような動きをしている。わたくしたちの立っている点から、わたくしたちの展望に従って見ると、それはまったく盲目的なものだ。けれども、わたくしたちの心を自らの外に、宇宙の外に、空間と時間の外に、父なる神のいますところに移して、そこからこのメカニズムを見ると、まったく違って見える。必然と見えたものが従順となる。物質は完全な受動性であり、したがって神の意志への完全な従順である。物質はわたくしたちの完全な模範である。神と神に従うもの以外には、何もありえない。物質はその完全な従順によって、その主を愛する人々から愛されるに値する。ちょうど愛人が死んだ女のつかっていた針をやさしくながめるように。わたくしたちは世界の美しさによって、物質がわたくしたちの愛に値することを知らされている。世界の美しさにおいて、なまの必然が愛の対象になる。海の波のつかの間の襞や、山々のほとんど永遠の襞にあらわれている重力ほどに美しいものはない。

ときどき船が沈むことを知っているからといって、わたくしたちの目に海が美しくなくなるわけではない。かえってますます美しく見える。もし海が船を助けるために波の動きを変えるとしたら、海は識別と選択のできるものだということになり、すべての外からの圧力に対して完全に従順な液体ではないことになる。海の美しさをなすものは、あの完全な従順である。

この世に生ずるすべての恐怖は、重力によって波にしるされる襞のようなものだ。それだからこそ波に美しさがある。『イーリアス』のような詩はこの美しさをあらわしている。

人間は決して神への服従からぬけ出すことはできない。被造物は服従しないわけには行かない。知性をそなえた自由な被造物として、人間にまかされる唯一の選択は、服従を望むか望まないかということだけだ。望まなくても、機械的な必然に従うものとしては、たえず服従している。服従を望むならば、やはり機械的な必然に従うが、それに新しい必然が、すなわち超自然的なものの固有な法則で構成される必然が加わる。ある行動がその人には不可能になり、またある行動はときどきほとんどその人の意志にかかわりなく、その人を通じて行われる。

そういう場合に自分が神に従順でなかったという感じを持つときには、それはただしばらくの間、服従を望むのを止めたことを意味するだけだ。もちろん、ほかのすべてが同じであっても、服従に同意するかしないかによって、同じ行動をするのではないことになる。ちょうど植物がほかのすべてのことは同じであっても、光のあたるところにあるか、暗いところにあるかによって、同じように芽を出すのではないのと似ている。植物は自分自身の成長について、制御することも選択することもしない。わたくしたちは、光にあたるかあたらないかということだけを選択できる植物のようなものだ。

キリストは労せず紡がぬ野のゆりを見ることをすすめて、物質の従順をわたくしたちに模範として示した。すなわち、野のゆりは何かの色で装うことを考えたのではなく、自分の意志を動かしたり、その目的のために手段を整えたりしたのでもなくて、自然の必然性がもたらしたものをすべて受けいれたのだ。野のゆりがぜいたくな布よりも無限に美しく見えるのは、野のゆりの方がぜいたくだからではなくて、その従順による。織物も従順だが、それは人間に従順なのであって、神に従順なのではない。物質は人間に従うときに美しいのではなく、ただ神に従うときにだけ美しい。ときには、芸術作品の中の物質が海や山や花と同じくらい美しく見えるけれども、それは神の光が芸術家をみたすからだ。神に照らされていない人々の造ったものを美しく感ずるためには、それらの人々がそれと知らずに服従している物質にすぎないことを、わたくしたちは十分に心から理解していなければならない。そういう理解ができる人にとっては、この世の一切が完全に美しい。そういう人はすべての存在するもの、すべてのつくり出されるものにおいて必然のメカニズムを識別し、必然性の中に従順の無限の快さを味わう。わたくしたちにとって物のそういう従順と神との関係はガラスの透明さと光との関係のようなものだ。自らすべての存在にそういう従順を感ずるや否や、わたくしたちは神を見る。

　新聞をさかさまにすると、活字が奇妙な形に見える。まっすぐにすれば、もう字ではなく、言葉が見える。嵐にあっている船の乗客は、船がゆれるごとに、自分の内臓がひっくりかえるように感ずる。船長はそこにただ風や流れや波と舟の性能、形、帆、舵などの複雑な組み合わせだけをつかんでいる。

　本の読み方を習うのと同じように、また一つの仕事を習うのと同じように、人はすべてのものにおいて、何よりもまず宇宙が神に服従していることを、またほとんどそれだけを感ずることを学ぶのだ。これは本当に一つの習得のための修行である。すべての習得と同じように、これにも努力と時間が要求される。習得した人にとっては、ちょうど読み方を知っている人が同じ文句を読む場合に、赤インクでも、青インクでも、どんな字で書いてあっても、大した違いを感じないのと同じように、ものの間、できごとの間に大した違いが感じられない。読めない人はそこに違いだけしかみとめない。読める人には、そのすべてが同等なのだ。なぜなら文句が同じだからである。習得を終えた人にとっては、ものごとやできごとは、どこでも、いつでも、無限に甘美な同じ神の言葉の振動になる。これはそういう人が苦しまないという意味ではない。苦痛はあるできごとの色彩だ。赤インクで書いた文句を前にすれば、読める人にも読めない人にも同じように赤いものが見える。けれども赤い色彩が両方の人にとって同じように重要なのではない。

　見習いが怪我をしたり、疲れを嘆いたりすると、職人や農夫にはこんな美しい言葉がある。「仕事が体の中へはいって行くのだ」と。わたくしたちが苦痛をうけるたびごとに、宇宙、世界の秩序、世界の美しさ、被造物の神への服従がわたくしたちの体へはいって来るのだと言える。それは本当のことだ。それならば、わたくしたちに苦痛というたまものをくださる愛の神を、どうして厚い感謝で讃えないことがあろう。

喜びと苦しみは同じように貴重なたまものであって、おのおのを純粋に、混ぜないで、両方とも十分に味わわなければならない。喜びによって世界の美はわたくしたちの魂に滲透する。苦しみによって、世界の美はわたくしたちの体の中にはいって来る。喜びだけでは、ちょうど航海術の研究だけでは船長になれないのと同じように、神の友にはなれない。すべて習得の修行には体の役割がある。体の感受性の水準では、苦痛だけが世界の秩序をなすあの必然と接触する。快感には必然の印象が含まれないからだ。喜びの中に必然を感ずることができるのは、感受性のもっと高い部分であって、それはただ美の意識の仲介によってだけ感じられる。物質の実体であるあの従順を、いつかわたくしたちの存在がどの部分もすっかり感じられるようになるためには、そして宇宙が神の言葉の振動であることを聞きとれる新しい感覚がわたくしたちの中に養われるためには、苦痛の変形する力と喜びの変形する力とが同じように欠くべからざるものだ。どちらかがあらわれたときには、どちらにも魂の中心を開かなければならない。ちょうど愛する人からの使者には戸を開くように。愛人にとっては、便りを持って来るなら、その使者がていねいであっても無作法であっても、そんなことが問題になるだろうか。

けれども不幸は苦痛ではない。不幸は神の教育的ななさり方とは全然別のものだ。

無限の空間と時間はわたくしたちを神からはなしている。わたくしたちはどうやって神を探すのだろうか。どうやって神の方へ行くのだろうか。わたくしたちが何百年歩いたところで、地球のまわりをまわるだけのことだ。飛行機に乗っても違ったことはできないだろう。わたくしたちは垂直に上昇することができない。一歩でも天空に向って歩くことはできない。神が宇宙を通過して、わたくしたちのところまでおいでになるのだ。

無限の空間と時間を越えて、それよりも無限に無限の神の愛が、わたくしたちをとらえに来る。神の愛の都合のよい時に来るのだ。わたくしたちにはそれを受けいれるか拒むかの態度を決める力がある。わたくしたちがつんぼであると、神の愛は乞食のように何度も来るけれども、また乞食のように、いつかもう来なくなる。わたくしたちが同意すれば、神はわたくしたちの中に小さなたねをまいて行く。そのときから、神にはもうなさることがなくなり、わたくしたちにも、待つことのほかにはすることがなくなる。ただわたくしたちは自分が同意したこと、婚姻を承諾したことを後悔してはならないのだ。これは思いのほかやさしいことではない。というのは、わたくしたちの中のたねの成長が苦しいものだからだ。さらに、その成長に同意したという事実によって、成長を妨げるものを破壊し、雑草を抜き、毒草を刈りとらないわけに行かない。不幸にして、この毒草はわたくしたちの肉そのものの一部だから、こういう植木屋の仕事は手荒な手術になる。それにもかかわらず、たねは結局のところ、ひとりきりで成長する。魂が神に属する日、すなわち魂が愛に同意するだけでなく、魂が本当に、実際に愛する日が来る。そのときには、今度は魂が神のもとまで行くために、宇宙を横ぎらなければならない。

魂は被造物として、創造された愛で愛するのではない。この魂の中の愛は神のもの、被造物ではないものだ。なぜなら、神に向う神の愛が、この魂を通過するのだから。神だけが神を愛することができる。わたくしたちはただこの愛を自らの魂の中を通過させるために、自分の感情を失うことに同意するだけだ。それは自分自身を否定することだ。わたくしたちはただこの同意のためにだけ造られている。

神の愛は神からわたくしたちのところへ来るために、無限の空間と時間を通過する。けれども有限な被造物から出発するときには、どうやって逆の方向の旅ができるだろうか。わたくしたちの中にまかれた神の愛のたねが、大きくなって、木になったときには、それを持っているわたくしたちは、どうやってそれをもとに返し、神がわたくしたちのところへ来てくださった旅路を逆にたどって、無限なへだたりを横ぎることができるだろうか。

それは不可能なように見えるが、一つの手段がある。この手段をわたくしたちはよく知っている。わたくしたちは自分の中にはえたこの木、空の鳥がとまるこれほど美しい木が、何に似せて造られているかを知っている。どの木がすべての木の中で一番美しいかを知っている。「どこの森にも、これに似た木はない」。絞首台よりももう少し恐ろしいもの、それが一番美しい木なのだ。神がわたくしたちの中にその木のたねをまき、わたくしたちはそれがどんなたねなのか知らなかったのだ。もし知っていたとしたら、はじめに承諾しなかったことだろう。わたくしたちの中にはえて、根が抜けなくなったのは、この木なのだ。反逆によってだけその根を抜くことができる。

金槌で釘を打つと、釘のひろい頭に受けた衝撃の全体が釘のさきにつたわって、さきは一点であるのに、衝撃は何も失われない。金槌と釘の頭が無限に大きいとしても、すべてが同じようになるだろう。釘のさきは無限の衝撃を一点につたえるだろう。

肉体の苦痛であると同時に魂の苦悩であり、社会的な転落である極端な不幸は、この釘のようなものだ。そのさきは魂の中心にあたっている。釘の頭は空間と時間の全体を通じて散らばるすべての必然である。

不幸は神の技巧の驚異である。それは有限な被造物の魂に、盲目的で荒く冷たい巨大な力をはいりこませる単純で巧みな装置である。神を被造物からはなす無限なへだたりは、魂の中心をつらぬくために一点に集められる。

そういうものを受ける人はこのはたらきに全然加わっていない。その人は生きながらピンでとめられる蝶のように身をもがく。けれども恐怖を通じて、愛そうとしつづけることができる。そこに不可能はなく、障害もなく、困難もないと言えるくらいだ。なぜならどんなに大きな苦痛も、失神しないかぎりは、魂がよい方向づけに同意する点にまで触れることはないからだ。

ただ愛は方向づけであって魂の状態ではないことを知らなければならない。それを知らないと、不幸が来るや否や絶望におちいることになる。

釘でつらぬかれている間も、魂が神に向っている人は、宇宙の中心に釘づけにされているのだ。これは本当の中心であって、真中にあるのではなく、空間と時間の外にあって、これが神である。空間でもなく時間でもないまったく別の次元に従って、この釘は被造物の世界を通して、魂と神とをはなしている幕の厚みを通して穴をあけている。

この不思議な次元によって、魂は肉体が存在する時と所とをはなれることなく、空間と時間の全体を横ぎって、神が現存するところに達することができる。

この魂は被造世界と創造主とが交叉するところにある。この交叉点は十字架の二本の木が交叉する点である。

聖パウロはおそらくそういうことを思いながら、言ったのだろう。「広さと長さと高さと深さをとらえることができるために、そしてすべての知識を越えたキリストの愛を知るために、愛に根ざせよ」〔エフェゾ人への手紙三・一八〕と。

はっきり意識されない神への愛の諸形態

ペラン神父のまえがき

この文章の価値を理解し、その重要性と限界を明らかにし、その深さを知るためには、シモーヌ・ヴェーユがここで経験を語っているということを忘れてはならない。

彼女は一九三九年の不思議な出会いにいたるまで、何年も、おそらくすべての生活を通じて、彼女が知らなかった神を愛し、神に仕えて生きていた。後になって大きな啓示をあたえられたときには、彼女が神と共にある生活は実際に人格から人格へのものであったが、それ以前にはまったく神を知らず、神を求めてはいなかった。

おそらく独自なこの経験のために、彼女は探求の手さぐりや発見の予感については何も知らないのである。

さらに、彼女はまだカトリックの信仰と秘蹟の価値に関する教えとに同意していない。彼女は幼いとき偏狭で形式的なユダヤ人の近親にひどいショックを受けた。宗教的な意味を失ったつとめを行っている多くの人々と、彼女は接していた。そこから、神の愛のはっきり意識されてはいるが不完全な初歩的な形態を知らないという彼女の立場が生じている。神の啓示と神の教会の教えを受けいれたあまりに多くの凡庸な人々は、その不完全な形にとどまっているのである。少し単純化して言えば、彼女は《魂の城の最後のすみか》だけ、カルメルの頂きだけしか知らないと言われよう。

この文章は神学者たちの省察の素材として役立ち、これによって彼らは非キリスト者の救いという苦しい問題にいっそう考究された答えをあたえることができるだろうと思う。人間の経験が拡大されることによって、彼らの信仰の言葉をいっそう注意深く問うことをうながされるであろう。

さきほど指摘したような欠陥がある以上、――ただしそれは決して彼女を非難すべきものではないが――この文章から完全な解決をえようとするのは無分別であろう。シモーヌ・ヴェーユは決してそういうつもりではなかった。彼女は自分の証言を述べたかったのである。しかし讃嘆と尊敬をもってこの証言を聞かないわけには行かないし、そこから豊かな教訓を引き出そうとしないわけには行かない。

この文章が書かれたのは、一九四二年四月のはずである。というのは、彼女は出発の直前に、あるいはむしろ乗船のときに、この文章を私にわたすように送ったからである。私は後ではじめてそれを知り、そのためにこの文章について、特に秘蹟の制定と神聖な価値について彼女とふたたび語ることができなかった。もっともこれを彼女は、いくつかの彼女の言葉にかかわらず、十分にみとめていたのである。

　この文章の中で、シモーヌ・ヴェーユの思想が主の言葉と反対のものであることは明らかであるが、彼女は私たちが注意深く洗礼を考え、洗礼を受ける決意にともなうべき誠実さと宗教的精神とを考えるようにうながしている。

　さらに、本当の改宗は「転換」や帰還であるよりも、開花であり、完成である。すべての不完全なもの、部分的なもの、下書きされたものが完成されるのである。積極的なものが何も失われずに、かえって完成されるのである。私はたとえばニューマンその他多くの人々のことを思い出している。


「神を愛せよ」という掟はその命令の形式で、神が親しく未来の花嫁の手をとったときに魂が同意するか拒否するかということばかりでなく、神のおとずれに先立つ愛のことをも意味している。というのは、これは恒常の義務の問題だからだ。

先立つ愛は神を対象とするわけに行かない。なぜなら、そのとき神は現存しないし、まだ現存したことがないからだ。だからこれには別の対象がある。しかしこの愛はいつか神への愛になりうるものだ。これは神への間接な愛、あるいははっきり意識されない愛と呼ぶことができよう。

それはこの愛の対象が神と名づけられているときにも、同じことだ。その場合には、神と名づけるのは不適当な名づけかたである、あるいはその後に来るべき発展のゆえにのみ正当な用語法であると言えるだろう。

神へのはっきり意識されない愛は三つの直接の対象だけしか持つことができない。神がひそかにではあるが現実に現存する地上の三つだけの対象である。それらの対象というのは宗教的な儀式と世界の美と隣人である。これが三つの愛を生ずる。

この三つの愛に多分友情を加えるべきだろう。きわめて厳密に言えば、友情は隣人愛から区別される。

それらの間接の愛には正確に、厳密に同等な力がある。状況や気質や天職によって、どれかが最初に魂の中へはいる。準備の期間にはどれかが主になっている。多分準備の期間を通じて必ずしも同じ愛が主になるのではない。

たいていの場合には、準備の期間が終了していない。魂はすべての間接な愛をある程度高めて持っていなければ、神自らのおとずれを受ける準備ができていないわけだ。

それらの愛の全体が準備期間にふさわしい形で、おおわれた形で、神への愛になっている。魂の中に本来の意味の神への愛が生れても、それらの愛が消えるのではない。それらの愛は無限に強くなり、そういうすべてが全体でただ一つの愛になる。

けれども愛のおおわれた形は必ず先行するもので、しばしば大変長い時期にわたって、その愛だけが魂を支配する。多くの人々にあっては、おそらく死ぬまでそうだ。このおおわれた愛が非常に高い純粋さと強さの段階に達することもある。

この愛が魂に触れるときには、どんな形をとるにしても、秘蹟のような力がはたらくものだ。

―隣人愛―

キリストは隣人愛について十分明らかにそのことを示した。キリストは自分に恩恵をあたえた人々にいつかこう感謝するだろうと言った。「わたしは飢えていて、あなたがたはわたしに食べものをくれたのだ」〔マタイ福音書二五・三五〕と。キリスト自身でなくて、だれがキリストに恩恵をあたえる者になれるだろうか。少なくとも一瞬間聖パウロが言う状態に、すなわち彼の中にはもはや彼自身が生きるのではなく、彼の中にキリストだけが生きるという状態に高められなければ、どうして人間がキリストに食べ物をあたえられよう。

福音書の文章の中では、不幸な人にキリストが現存することだけが問題である。しかもキリストを受けとる人の霊的な価値は全然問題ではないように思われる。そこで、キリストを運ぶ者〔コリント人への第一の手紙六・一九―二〇〕としての恩恵者自身が、飢えた不幸な人の中に、自分がその人にあたえるパンといっしょにキリストをはいりこませるということをみとめなければならない。キリストの聖体を受ける場合とまったく同じように、キリストの現存を受ける人もまたその現存に同意することも、しないこともできる。もしその贈りものがよくあたえられて、よく受けられるなら、ひとりの人からもうひとりの人への一片のパンの受けわたしは、本当の聖体拝領のようなものだ。

キリストに恩恵をあたえた人を、キリストはやさしい人とも慈悲深い人とも呼んでいない。彼らは正しい人と呼ばれる。福音書では隣人愛と正義との間に何の区別もない。ギリシア人の見るところでも、祈願者のゼウスをあがめることが、正義の第一の義務だった。わたくしたちが正義と愛の区別を考え出したのだ。なぜかということはすぐにわかる。わたくしたちの正義の観念は、ものを所有している人が他人にあたえることを免除している。それでもその人があたえるなら、その人はそうやって自分自身に満足することができると信じている。善行をしたと思っているのだ。受ける人の方は、この正義の観念の理解の仕方によって、すべての感謝を免除されたり、低い声で感謝を述べなければならなかったりする。

ただ正義と愛を絶対に同一化することによってだけ、一方では同情と感謝を、他方では不幸な人における不幸の価値がその人自身と他の人々とによって尊敬されることを、同時に可能にすることができる。

どんな慈悲でも正義よりさきへ進むなら、慈悲の偽りの外見で悪になってしまうということを考えなければならない。そして正しい人に対しては、正しいということを感謝すべきだ。正義はそれほどに美しいのだ。ちょうどわたくしたちが、神の偉大な栄光のゆえに神に感謝するように。ほかの感謝はすべて奴隷的なもの、また動物的なものだ。

正義の行為を見ている人と、そこから物質的に利益をうける人との違いは、ただその場合に正義の美しさが前者にとっては見ものであるにすぎないのに、後者にとっては触れる対象であり、いわば糧であるということだけだ。こうして前者では単なる讃嘆である感情が、後者では感謝の火によって高い程度に進まなければならない。

不正に扱われやすい状況で、正しく取扱われたときに感謝しないのは、正義の純粋な行為に含まれる超自然的、秘蹟的な力を受けないことになる。

この力を考えるには、トゥキディデスの素晴しい文章にたぐいない誠実さをもってあらわされているような、自然的な正義の説によって考えるのが一番よいだろう。

アテナイがスパルタと戦争をしていたとき、メロスという小島の住民は古くからスパルタと同盟していて、そのときは中立を保っていたが、アテナイ人たちはメロスの住民を強いて味方につけようとした。メロスの住民たちはアテナイからの最後通牒に対して正義に訴え、古いメロスの町への憐れみを乞うたが、むなしかった。そして彼らが譲歩しなかったので、アテナイ人はメロスの町を破壊して、すべての男たちを殺し、すべての女とすべての子供を奴隷に売った。

問題の文章をトゥキディデスはアテナイ人に語らせている。彼らはまず自分たちの最後通牒が正しいことを証明しようとはしないと述べている。

「むしろ可能なことを論じよう……わたしたちが知っているように、あなたがたも御存じだろう。人間の精神はこのようにできている。すなわち、いずれが正しいかということは、ただ両方の側に同じような必然性がある場合にだけ検討される。強いものと弱いものがあれば、可能なことが前者によって課せられ、後者によって受けいれられるのだ」。

メロス人たちは、戦いになった場合には、自分たちの方が正しいのだから、神々が味方するだろうと言った。アテナイ人たちは、そういう想像には何の根拠もみとめられないと答えた。「わたしたちは、いつも自然の必然性によって、だれでも力があればいつも命令するものだということを、神々については信仰し、人間については確信している。わたしたちがそういう法則をつくったのではなく、わたしたちがはじめてそれを適用するのではない。わたしたちはそういう法則ができているのを知って、それがいつまでも続くはずのものとして保存するのだ。だからこそ、わたしたちはそれを適用するのだ。あなたがただって、ほかのすべての人と同じように、もし同じ程度の力に達したなら、同じように行動するだろうということを、わたしたちはよく知っている」。

不正の概念に関するこの知的な明瞭さは、愛の光のすぐ下の光である。愛が存在したところに愛が消えると、明るさがしばらく存続するのだ。もっと下には、強い者が自分の方が弱い者よりも正しいとまじめに信じている闇がある。ローマ人とヘブライ人の場合はそれだった。

この文章では、可能性や必然性は正義に対立する言葉である。強者が弱者に課することのできるすべては、可能なことと言われる。この可能性がどこまで行くものかを検討するのはもっともなことだ。それが知られているなら、強者が可能性の極限まで自分の意志を行うことはたしかだろう。これは機械的な必然である。そうでなければ、強者は欲すると同時に欲しないかのようになってしまうだろう。そこには、弱者にとっても、強者にとっても、必然性がある。

二人の人が一緒にことを行うのに、どちらも相手に何かを課する力を持っていないときには、二人は話しあわなければならない。そのとき正義が検討される。なぜなら正義だけが二つの意志を一致させる力を持っているからだ。これは神において父と子を結び、またはなれて思う人の共通の思いとなるあの「愛」のかたどりである。けれども強者と弱者があるときには、二つの意志を結ぶ必要はない。一つの意志、強者の意志があるだけだ。弱者は服従する。すべては人間が物質を扱うときのように進行する。一致させるべき二つの意志はないのだ。人間が欲し、物質は受ける。弱者は物のようだ。うるさい犬を遠ざけるために石を投げることと、奴隷に「犬を追いはらえ」と言うこととの間には、何の違いもない。

人々の間の不平等な力の関係の中で、弱者はある不平等な段階から物質の状態に移って、人格性を失うことがある。昔の人は言った。「人は奴隷になったときに、魂の半分を失う」と。

同等な力の関係のイメージとして、天秤がごく古い時代から、とくにエジプトでは、正義のシンボルになっていた。これは多分取引につかわれるよりも前に、宗教的なものだったのだろう。これが取引にもちいられるときには、交換の規則であるべき相互の同意、正義の本質そのもののイメージになる。相互の同意ということによる正義の定義はスパルタの法律にあったものだが、疑いなくエーゲ・クレタ文明を起源とするものだ。

正義という超自然的な徳は、人が力の不等関係において上位にいる場合には、ちょうど同等関係にあるかのようにふるまうところにある。それはあらゆる点についてであって、どんなに細かな調子や態度も含まれる。というのは、一つの細かなことでも、下位にある人を物質の状態へ追いやることがありうるからだ。力の不等関係があれば、下位にある人は自然にすれば物質の状態になるはずなのだから、ちょうど零度以下の温度で液体状をしている水がどんなに小さな衝撃でも凍るようなものだ。

このように取扱われる弱者にとっては、正義という超自然的な徳は、本当に力の同等関係があると信じないで、相手の寛大さだけがこの取扱いの原因であるのをみとめるところにある。それが感謝と呼ばれるものだ。これと違った取扱いを受ける弱者にとっては、正義という超自然的な徳は、自分の受けている取扱いが一方では正義と異っているが、他方では人間性の必然とその機械的なはたらき方に合致しているのを理解するところにある。その人は屈服せず反逆せずにとどまるべきだ。

力の関係において自分よりもずっと弱い人たちを同等に取扱う人は、運命によって失われていた人間という資格を本当に彼らにあたえるのだ。その人は被造物に可能なかぎり、彼らに対して創造主の元来の寛大さを再生している。

この徳はとくにキリスト教的な徳である。またエジプトの『死者の書』の中にも、福音書と同じような崇高な言葉で、この徳が表現されている。「わたしはだれも泣かせたことがない。わたしは大きな声をたてたことがない。わたしはだれもこわがらせたことがない。わたしは正しい真実の言葉に耳をおおったことがない」と。

不幸な人の感謝も、純粋なものならば、この同じ徳にあずかるものにほかならない。この徳をおこなうことのできる人だけが、この徳をみとめるからだ。その他の人々はこの徳の結果を経験していながら、みとめていない。

こういう徳は真の神の現実の信仰と同一のものだ。トゥキディデスが書いたアテナイ人たちは、神々が自然な状態の人間のように、可能の極限まで命令すると考えていた。

真の神は、全能だけれども、命令できるところならどこでも命令するものとは考えられない神だ。

真の神は天上のもので、地上では秘められたところにしか見いだされないものだから。

メロス人を虐殺したアテナイの人々にはそういう神の観念は少しも残っていなかった。

彼らの誤りを証明するのは、第一に、彼らの主張とは反対に、きわめてまれではあるが、人は命令できるのに純粋な寛大さによって命令をひかえる場合があるということだ。人間に可能なことは神にも可能なことだ。

実例をあげても否認することはできるだろう。けれども、ある例について純粋な寛大さだけがはたらいたことを証明できると、その寛大さが一般に讃えられるのはたしかなことだ。すべて人間が讃えることのできる行為は、神には可能な行為なのだ。

この世の光景がまたもっと確実な証明になる。純粋な善はどこにもない。だから神が全能ではないか、神が絶対的に善良ではないか、それとも神が命令のできるところならどこでも命令するというわけではないか、いずれかであることになる。

こうしてこの世に悪が存在することは、神の実在に反する証明になるどころではなく、神の実在をその真実性においてわたくしたちに啓示するものだ。

創造は神の方から見れば、自己拡張の行為ではなくて、後退、放棄の行為である。神と全被造世界とは神だけよりも小さいものだ。神はこの縮小を受けいれた。神は神自身からその存在の一部を空虚にした。神はこの働きにおいて、すでに自らの神性を空虚にしたのだ。だからこそ聖ヨハネは、世界がつくられたときから小羊はほふられていると言った。神は神自身よりも無限に価値の低いものに存在を許した。キリストがわたくしたち自身を否定するように教えたのと同じように、神は創造の行為によって神自身を否定した。神はわたくしたちが神のために自分を否定する可能性をあたえるために、わたくしたちのために神自身を否定したのだ。この応答、この反響は拒否することもできるものだが、これだけが神の創造の行為という愛の愚行を理由づける唯一のものである。

神のこの自己放棄、故意にへだたりをつけたこと、故意に神自身を消したこと、この世で見えないものになって、ひそかに現存すること、そういうことを考えたいろいろな宗教が本当の宗教であり、偉大な一つの啓示を違った言葉に翻訳したものである。神が命令できるところではいたるところで命令すると考える宗教は、偽りの宗教である。たとえ一神教であっても、そういう宗教は偶像崇拝である。

不幸によって生気のない受動的なものの状態におちて、他人の寛大さによって少なくとも一時人間の状態にもどった人は、この寛大さの真の本質を受けいれて、それを感ずることができれば、その瞬間に、もっぱら愛から出た魂を受けることになる。その人はいと高きところから、水と霊から生れるのだ（福音書の anôthem は新しくという意味よりも、高いところからという意味につかわれている場合が多い）〔ヨハネ福音書三・五〕。不幸な隣人を愛をもって取扱うことは、何かその人に洗礼をほどこすようなものだ。

寛大な行為をする方の人は、思いによって自分が相手の中に移されなければ、そういうふるまいはできない。この人もまた、このときにはただ水と霊だけでできている。

寛大と同情は切りはなせないもので、どちらも神を、すなわち創造と受難を模範にしている。

キリストは超自然的な隣人愛が、人格性をそなえた人と人格性の欠けた人との間に、稲妻のように生ずる同情と感謝の交換であることを教えた。二人のうちの一人は溝のふちにいて、生気がなく血を流している少しばかりのはだかの肉で、名もなく、だれも知らないものだ〔ルカ福音書一〇・三〇〕。この者のそばを通る人々はほとんど気がつかないくらいで、何分かたてば、気づいたことも忘れてしまう。ただ一人だけが立ちどまって、これに注意をそそぐ。それからの行為はこの注意の瞬間から自動的に生ずる結果にすぎない。この注意が創造的なものだ。しかしこの注意がはたらいているときには、これは自己放棄である。少なくとも、純粋なものならば、そうである。その人は、自分の力をひろげるのではなくて、ただ自分とは独立な他人を存在させるエネルギーの浪費に自分を集中することによって、自分が縮小することを受けいれている。さらに他人の存在を欲するということは、同情によってその人の中に自分を移すことであり、したがって、その人の生気のない物質の状態に自分もあずかることだ。

このはたらきは、不幸に出会ったことがなくて、不幸とはどんなものかを知らない人がする場合にも、また、不幸を知っているか予感していて、不幸を恐れている人がする場合にも、同じように自然に反している。

パンを持っている人がその一片を飢えた人にあたえるのは、驚くべきことではない。驚くべきことは、その人が物を買う身ぶりとは違った身ぶりで、そうすることができるということだ。ほどこしは超自然的なものでない場合には、ものを買うはたらきに似ている。ほどこしは不幸な人を買うことなのだ。

人が何を欲するにしても、それが最高の徳においてであっても、犯罪においてであっても、また大きな計画でも小さな配慮でも、いつも人の欲求の本質は、自由に欲することをまず欲するということにある。不幸によって自由な同意の能力を失っている人に、その能力を持たせようと欲するということは、自分を相手の中に移すことであり、自分の不幸に同意すること、すなわち自分の破壊に同意することだ。これは自分自身を否定することだ。自分自身を否定することによって、人は神の後から、創造的な肯定で他人を肯定することができるようになる。他人の身代金として自分をあたえるのだ。これはあがないの行為である。

強い者に対する弱い者の同情は自然なものだ。弱者は相手の中に自分を移すことによって、想像上の強さをえるからだ。弱者に対する強者の同情はその逆のはたらきだから、自然に反する。

だから強者に対する弱者の同情は、相手が本当に寛大である場合に、自分に対する相手の同情を唯一の対象にするときにだけ、純粋なものだ。そこに超自然的な感謝があり、これは超自然的な同情の対象になるのを喜ぶことだ。これは絶対に誇りを傷つけない。不幸の中で本当の誇りを保持することは、これもまた超自然的なことだ。純粋な同情と純粋な感謝は本質的に不幸への同意である。運命の差異によって無限のへだたりにある不幸な人と恩恵をほどこす人とは、この同意において一つになる。二人の間にはピュタゴラス派の意味の友情があり、奇蹟的な調和と同等関係がある。

どこででも命令する力があるからといって、命令はしない方がよいということを、同時に二人とも心からみとめる。この思いが魂の全体を占めて、行動の源泉である想像力を支配するなら、この思いが本当の信仰になる。というのはこの思いは力のすべての源泉が存在するこの世から、善を外へ追いやり、自己放棄の原理である秘められた人格の中心点の模範として善をみとめるからだ。

芸術や学問においてさえも、二流の制作はみごとなものも平凡なものも自分を拡張するけれども、すべて一流の制作である創造の仕事は自己放棄である。この真実が識別されないのは、一流の作品と二流の一番みごとな作品とが混合されて、無差別に栄光の輝きでおおわれ、しばしば後者の方が優遇されるからだ。

隣人愛は創造的な注意でできているから、天才に似ている。

創造的な注意は存在しないものに現実に注意をそそぐところにある。人間性は道ばたの生気のない無名の肉体の中には存在しない。ところが立ちどまって見るサマリア人は、この不在の人間性に注意し、それにつづく行為はそれが現実の注意であることを示している。

信仰は見えないものの視覚である〔ヘブライ人への手紙一一・一〕と、聖パウロは言う。この注意の瞬間には愛と同じく信仰も現存している。

また完全に他人の思いのままになる人は存在していないのだ。主人の目にも、自分の目にも、奴隷は存在しないものだ。アメリカの黒人の奴隷は事故で手や足に怪我をすると、こう言った。「何でもない。これは主人の足だ。主人の手だ」と。どんなものでも、社会的な尊重が結晶しているものを完全に欠いている人は、存在しないのだ。スペインの民謡にみごとな真実の言葉がある。「自分を見えないものにしたいなら、貧乏になるほど確かなやり方はない」と。愛には見えないものが見えるのだ。

神は存在しなかったものを考えて、それを考えるということによって、それを存在させた。現実にわたくしたちは存在しなかったのに、各瞬間に神がわたくしたちの存在を考えて下さることによってだけ、わたくしたちは存在する。少なくとも、わたくしたちはこのように創造を思い浮べる。これは人間的な考えで、したがって誤った考えだけれども、この想像には真実が含まれている。神だけが、ないものを現実に考えるという力を持っている。わたくしたちに現存する神だけが、不幸な人々の中に人間の資格を現実に考え、物を見る目とは違った目で本当に彼らを見て、人の言葉を聞くように本当に彼らの声を聞くことができる。そうすると、彼らは自分に声があることに気づく。そうでなかったら、彼らにはそれを知る機会がないだろう。

不幸な人の声を本当に聞くのはむずかしいことだが、不幸な人が自分の声はただ同情によってだけ聞かれるのだということを知るのもむずかしい。

隣人愛は神から人へ降る愛である。これは人間から神へ上昇する愛よりも前のものだ。神は不幸な人々へ降ることを急ぐ。ある魂が同意に向けられていれば、たとえその魂がどんなにいやしくても、どんなにみじめで、どんなにゆがんだものであっても、神は急いでその魂にのぞみ、その魂を通じて不幸な人々を見たり聞いたりする。ときがたってはじめてその魂は自分の中の神の現存を知る。しかし魂が神の現存を知らなくても、不幸な人々が不幸な人々自身のために愛されるところには、いたるところに神が現存している。

たとえ神を呼び求めていても、不幸な人々が単に善をなす機会になっているだけならば、たとえ彼らがそういうものとして愛されていても、神は現存しない。その場合、彼らは自然な役割、物質やものの役割をつとめているからだ。彼らは非人格的に愛されているのだ。彼らの生気のない無名の状態には、人格的な愛をもたらさなければならない。

だから、神において、神のために隣人を愛するというような表現は、人を誤らせるあいまいな表現だ。人は道ばたに衣服もまとわない死んだような少しばかりの肉体を、ただ見るだけのために、自分のすべての注意力をもちいても多すぎるということはないのだ。これは思いを神に向ける時ではない。例外なくすべての被造物を忘れて、神のことを考えなければならない時があるのと同じように、被造物を見て、創造主のことをはっきり考えてはならない時がある。そういう時には、わたくしたちの中の神の現存は深い秘密を条件にしているので、それはわたくしたちにとっても秘密である。わたくしたちは神を考えることによって神からはなれる時もある。恥じらいは結婚の結合の条件である。

本当の愛にあっては、わたくしたちが神において不幸な人々を愛するのではなく、わたくしたちの中の神が不幸な人々を愛するのだ。わたくしたちが不幸であるときには、わたくしたちの中の神が、わたくしたちに善をあたえようとする人々を愛するのだ。同情と感謝は神から降り、それがたがいに交換されるときには、二つの視線が出会う点に、神が現存する。不幸な人と相手の人は神から、神を通じて愛しあうのであって、神を愛するために愛しあうのではない。たがいの愛のために愛しあうのだ。これは何か不可能なことだ。だからこそ、これはただ神によってだけ行われることである。

神への愛のために、飢えた不幸な人にパンをあたえる人は、キリストから感謝されないだろう。その人はその考えだけで、すでに報いを受けている。キリストは、自分がだれに食物をあたえているのか知らなかった人々に、感謝するのだ〔マタイ福音書二五・三七〕。

さらに、贈りものは不幸な人々への愛に可能な二つの形式の一つにすぎない。力はいつも善や悪をなす力である。非常に差異のある力の関係では、強者は正義をもって弱者に善をなすことによっても、正義をもって弱者に悪をなすことによっても、正義でありうる。前の場合にはほどこしであり、後の場合には罰である。

正しい罰は正しいほどこしと同じように、神の現実の現存を包み、何か秘蹟のようなものになる。これもまた福音書の中に明らかに示されている。「罪のない者が彼女にまず石を投げよ」〔ヨハネ福音書八・七〕という言葉がそれを表現している。キリストだけが罪のない者だ。

キリストは姦通した女を許した。罰するという機能は、十字架の上で終ろうとする地上の生活に適していなかったのだ。けれどもキリストは刑法を廃することを教えはしなかった。人が石を投げつづけることを許したのだ。人がそれを正しく行うところでは、どこでもまず石を投げるのはキリストである。そして正しい人が食物をあたえる飢えた不幸な人の中に、キリストが住んでいるように、また正しい人が罰する不幸な罪人の中にも、キリストが住んでいる。キリストはそれを言わなかったが、国法上の罪人として死ぬことによって、それを十分に示した。キリストは神として前科者の模範である。カトリック青年労働者連盟の人々が、キリストは自分たちの仲間だったという観念に陶酔しているように、前科者たちも同じ陶酔を味わうことができるはずだろう。労働者にそれを言うのと同じように、前科者にもそれを言うべきだろう。ある意味ではキリストは、殉教者よりも彼らの方に近いのだ。

キリストが出発点と終着点に現存するならば、人を殺す石にも、人を養うパンにも同じ力がある。

生命の贈りものと死の贈りものが同等になる。

インドの伝説によれば、三位一体の第二のペルソナが人となった王ラマは、法に反して宗教的な禁欲修行をした低い階級の男を、人民のつまづきとなることを防ぐために、極度の悲しみをいだきながら殺さなければならなかった。王は自分でその男のところへ行って、剣で彼を殺した。すぐ後で、死んだ男の魂が王にあらわれ、王の足もとにひれふして、王の至福の剣に触れた光栄を感謝した。だから、死刑はある意味ではまったく不正であっても、合法的で神の手によって行われたものには、秘蹟としての力があったのだ。

罰の法的な性格がその罰に何か宗教的なものをあたえていなければ、そしてそれを秘蹟に似たものにしていなければ、そこには本当の意味はない。また、したがってすべて刑罰に関係のある職務は、裁判官から首切役人や牢番にいたるまで、何かしら聖職にあずかるものでなければなるまい。

正義は罰の場合にも、ほどこしの場合と同じように定義される。それは不幸な人にものとしてではなく、人間として注意をはらい、不幸な人に自由な同意の機能を保持させたいと望むところにある。

人々は罪悪を蔑視するつもりで、実際には不幸の弱さを蔑視している。両方が組み合わされている人に対しては、人々は罪悪を蔑視するという口実で不幸の蔑視におちいることがある。だからその人は最大の蔑視の対象になる。蔑視は注意の反対である。何かの理由で罪悪に威信がある場合だけは例外になる。たとえば殺人の場合には、殺人が一時的に力を持つように見えたり、その罪を判定する人々に強い力がはたらかなかったりするために、しばしばそういう例外がある。盗みは一番威信に欠けていて、一番怒りを呼ぶ罪だ。所有ということは一番一般的で一番強い執着だからである。これは刑法にもあらわれている。

真実にしても偽りにしても犯罪の外見に包まれて、まったくある人々の思いのままの状態にあり、彼らの一言で運命を決定される人ほど低い状態の人はいない。彼らはその人に注意をしない。そして人は罰をあたえる機関の手に落ちてから、そこを出るときまで——前科者と呼ばれる人たちや売春婦たちはほとんど死ぬまでそういう状態をぬけ出ることができないのだが——注意の対象になることがない。すべてがきわめて細かなところまで、声の抑揚までも組み合わされて、その人をすべての人の目に、またその人自身の目にもつまらないもの、価値のないものとする。荒い態度や軽い扱い方、あなどりの言葉やふざけた言葉、話し方、聞き方と聞かない態度、すべてにそういう効果がある。

そこに意識的な悪意はない。それは不幸の形をした罪、すなわちいまわしい汚れがむき出しになった罪を取扱う職業的な生活の自動的な結果なのだ。そういう接触は絶え間ないものだから必ず汚染し、この汚染の形が軽蔑になる。被告のおのおのに投げかけられるのは、この軽蔑である。刑罰の機関は、不幸な犯罪者が住む環境全体に含まれるすべての汚れたものを、おのおのの犯罪者に投げかける伝達機関のようなものだ。刑罰の機関と接触することに対しては、人の潔白さ、すなわち魂の中の汚れに触れていない部分に直接比例した一種の恐怖がある。完全に腐敗した人々はそこから何も害をうけないし、何の苦しみも感じない。

刑罰の機関と犯罪との間に汚れを清める何ものかがないなら、これ以外の結果はありえない。その何ものかは神でしかありえない。無限な清さだけが悪に触れても染まらない。すべての有限な清さは、この接触が長びくと、それ自身が汚れになる。どんなふうに法律を改正しても、罰はキリストを通じてでなければ、人間らしいものにはなりえない。

罰のきびしさの程度は一番大事なことではない。現在の状態では、有罪を宣告された人に罪があって、その罪に対して比較的軽い罰をあたえられていても、しばしば残酷な不正の犠牲になったものとみなすべき場合がある。重要なことは罰が合法的であること、すなわち直接法律から出ていること、その法律が内容によってではなく、法律として神の性格を持つものとみとめられていることだ。そして刑罰をあたえるすべての組織の目的は、法官やそれを助ける人々が被告に対して、すべての人がだれでも自分の思いのままになる人に対していだくべき注意と尊敬をいだくこと、そして被告はあたえられる罰に対して、汚れのないキリストが完全な模範をしめしたように同意することでなければならない。

軽い罪に死刑が宣告されても、このように行われたのであれば、今日の六カ月の懲役の宣告よりも、恐ろしくないものだろう。被告が自分の言葉の外に手段がないような状況に立ちながら、生れや無教養のために言葉をあやつることができず、罪と不幸と恐れに打ちのめされて、判事の前でつぶやき、判事はそれに耳をかさないで、洗練された言葉を誇示して被告のつぶやきをさえぎるという光景はよくあるものだが、これほど恐ろしいことはない。

社会生活に不幸があるかぎり、また法によるほどこしや個人的なほどこしと、罰とが避けられないかぎり、社会制度と宗教生活との分離は罪悪であろう。そういう世俗的な観念はそれ自身において考えれば、まったく誤りである。ただそれは全体主義的な宗教に対する反応としては、いくらかの正当性を持っている。この点では、それが部分的には正しいことをみとめなければならない。

宗教はいたるところに現存しなければならないが、そのために全体主義的であってはならないばかりでなく、超自然的な愛の領域にきびしく限られなければならない。この領域だけが宗教に適するものだ。そうすれば宗教はいたるところに滲透することだろう。聖書にも言われている。「知恵はその完全な純粋さのゆえに、いたるところに滲透する」〔知恵の書七・二四〕と。

キリストの不在によって、一番ひろい意味の物乞いと刑罰とはおそらくこの世で一番恐ろしいもの、ほとんど地獄のようなものになっている。地獄の色そのものがある。それらに売春を加えてもよい。売春と本当の結婚との関係は、愛のないほどこしや刑罰と、正しいほどこしや刑罰との関係のようである。

人間は他の人間の体にばかりではなく、魂にも、そして神が現存していない人々の魂全体にも、また他の人の魂の中で神が住んでいないすべての部分に対しても、善や悪をなす能力を受けている。もし神や、悪の権力や、単なる肉のメカニズムの宿る人が他人にものをあたえたり、罰したりすれば、その人に宿っているものは、パンや剣を通じて、他人の魂の中へはいって行く。パンや剣の物質は汚れがなく、善も悪も含んでいないから、善も悪も同じようにつたえることができる。不幸によってパンを受けたり、罰をうけたりすることを強いられる人は、魂が善にも悪にも同時に無防備でむき出しにさらされている。

善だけしか受けないためには、ただ一つしか手段がない。それは、純粋な愛で生気づけられていない人々が、生気のない物質のように、世の秩序の中の歯車になっているということを、抽象的にではなく、魂をつくして知ることだ。そうすれば、人の愛を通してでも、物的心的な物質の無生気を通してでも、すべてが直接に神から来るようになる。水と霊を通して来るように〔ヨハネ福音書三・五〕なる。すべてわたくしたちの中に生命のエネルギーを育てるものは、キリストが義人たちに感謝したパン〔マタイ福音書二五・三五〕のようなものだ。すべての打撃や傷や損害は、キリストの手でわたくしたちに投げられた石のようなものだ。パンと石はキリストから来て、わたくしたちの存在の内部に滲透し、わたくしたちの中へキリストを入れる。パンと石は愛なのだ。わたくしたちはそのパンを食べ、その石には、わたくしたちの肉の中へできるだけ深くはいりこむように、身をゆだねなければならない。もしキリストの投げる石に対して、自分の魂を守るよろいを着ているなら、それを脱ぎすてなくてはならない。

―世界の秩序への愛―

世界の秩序や世界の美に対する愛は、隣人愛をおぎなうものだ。

これは同じ自己放棄から、すなわち神の創造的な自己放棄のかたどりから生ずる。神はこの宇宙を存在させるとき、命令する力があるのに命令しないで、一方では魂の心的な質料も含んですべての質料に附着する機械的な必然性を支配させ、他方では考える人間の本質的な自律性を支配させた。

わたくしたちは隣人愛によって、すべての人間とともにわたくしたちを創造した神の愛をまねる。また、世界の秩序への愛によって、わたくしたちがその一部をなすこの宇宙を創造した神の愛をまねる。

人間は物質や魂に命令することを放棄する必要がない。なぜなら人間には命令する力がないからだ。しかし神は人間にこの力の想像上のかたどり、想像上の神性をあたえた。人間も被造物でありながら、自分の神性を棄てることができるようにするためだ。

神が宇宙の外にありながら、同時に宇宙の中心であるように、各人は世界の中心に想像上の立場を持っている。幻覚の展望によって、各人は空間の中心に位置する。同じような幻覚によって、各人に偽りの時間の感覚が生ずる。さらにまた同じような幻覚によって、各人のまわりにすべての価値の階層がつくられる。この幻覚は、わたくしたちの中で価値の感情と存在の感情が密接につながっているために、存在の感情にもひろがっている。存在はわたくしたちから遠ければ遠いほど、だんだん密度のうすいものに見えるのだ。

わたくしたちはこの幻覚の空間的なものが誤った想像であることをさとっている。そうさとらざるをえないのだ。そうでないと、一つも物を知覚できないだろうし、意識的にはただ一歩でも進む方向をとることができないだろう。神はこうして、わたくしたちの魂全体を変形させるはたらきの見本をあたえているのだ。わたくしたちは子供のときから空間的な感情のこの幻覚を軽視し抑制することを学んでいるように、時間や価値や存在の感情についても同じようにしなければならない。そうしなければ、空間以外のすべての様相において、ただ一つの対象を識別することも、ただ一歩を進めることもできない。

　わたくしたちは非現実の中にあり、夢の中にある。自分が中心の位置にあるという想像を放棄すること、知性ばかりでなく魂の想像する部分においてもそれを放棄することは、現実に目ざめ、永遠なものに目ざめることであり、真の光を見ること、真の沈黙を聞くことである。そのとき感覚的な印象と心理的な印象の直接の受け方において、感受性の根柢そのものに変化が生ずる。それは夕暮の道で人がうずくまっているように見えたのに、突然それが木であることがわかるときに似た変化である。あるいはささやき声が聞こえたと思ったのが、木の葉の鳴る音とわかるときに似ている。同じ色を見て、同じ音を聞くのだが、同じ見方、聞き方ではない。

　自分の偽りの神性を取り除くこと、自分を否定すること、世界の中心にいるという想像を放棄すること、世界のすべての点が同じように中心であり、本当の中心は世界の外にあるのをみとめることは、物質における機械的必然性の支配と、おのおのの魂の中心における自由な選択の支配に同意することだ。この同意が愛なのだ。この愛が考える人間に向けられれば、隣人愛になる。物質に向けられれば、世界の秩序への愛、あるいは、同じことだが世界の美への愛になる。

　古代には、世界の美への愛が思想の中で非常に大きな場所を占めて、すばらしい詩で生命全体を包んでいた。すべての民族にあって、シナでも、インドでも、ギリシアでも、そうだった。ギリシアのストア派の思想はすばらしいもので、初代キリスト教、ことに聖ヨハネの思想はこれに非常に近いのだが、これは世界の美への愛がほとんどすべてだった。イスラエルについては、旧約聖書の詩篇、ヨブ記、イザヤ書、知恵の書は世界の美のたぐいない表現を含んでいる。

アッシジの聖フランチェスコの例は、キリスト教の思想の中で世界の美がどんな場所を占めることができるかを示している。彼の詩が完全な詩であるばかりでなく、彼の全生涯は完全に詩的な行動であった。たとえば、彼が孤独な隠棲や修道院の創立のために場所を選んだ選び方は、それ自身できわめて美しい詩的な行為だった。放浪や清貧も彼にあっては詩であった。彼は世界の美と直接に接触するために、はだかになったのだ。

十字架の聖ヨハネにも世界の美に関するいくつかの美しい詩がある。けれども一般的に言えば、知られていない宝、あるいはほとんど知られていない宝、あるいはまた多分中世の忘れられたものの中に埋もれている宝に対して相当な留保をつけた上で、キリスト教の伝統には世界の美がほとんど不在であると言えるだろう。これは奇妙なことだ。その原因は理解しにくい。これは恐るべきすきまである。キリスト教に宇宙そのものが不在であるなら、どうして自ら普遍的《カトリック》と称することができるだろうか。

福音書の中に世界の美がほとんど問題になっていないことは事実である。けれども、聖ヨハネが言うように、福音書の短い文章はキリストのすべての教えを含むどころではない。だから弟子たちはこれほどどこにも広まっている感情について書くことを無益と判断したに違いない。

それでも、二度問題にされている。キリストは、一度ゆりや鳥が将来に無頓着で運命に従順であるのを見てまねるように教えている。またもう一度、雨や日光が差別なく分けあたえられるのを見てまねるように〔マタイ福音書六・二八、五・四五〕、教えている。

ルネサンスはキリスト教を越えて、古代との霊的な結びつきをとりもどしたつもりだったが、古代からとったものは古代の霊感による二次的な産物、芸術と学問と人事への好奇心だけだった。古代の霊感の中心をなすものはほとんどつみとっていなかった。世界の美との接触をとりもどさなかったのだ。

十一世紀と十二世紀には、ルネサンスのさきがけがあって、もし実を結んだとすれば本当のルネサンスになるはずのものだった。それはとくにラングドック地方に芽ばえはじめていた。春を歌う吟遊詩人のいくつかの詩は、この場合にはキリスト教の霊感と世界の美の愛とが多分はなれていなかったことを思わせる。そういうフランス南部の精神はイタリアにあらわれていて、おそらくフランシスコ会の霊感に無縁ではなかった。しかし、それらの芽ばえが単なる偶然の一致であるにしても、それとももっとたしからしい場合として原因結果の関係にあるにしても、それはアルビジョワ派の争いの後には、痕跡としてでなければ、どこにも生き残らなかった。

今日白色人種は世界の美に対する感受性をほとんど失っていて、彼らが武器や取引や宗教を持ちこんだすべての大陸にも、その感受性を失わせようと努めたと信じられるかもしれない。ちょうどキリストがパリサイ人たちに向って、こう言ったように。「なんじらにわざわいあれ。なんじらは知識の鍵を奪った。そしてなんじらもはいって行かず、ほかの人々もはいれないのだ」〔ルカ福音書一一・五二〕と。

それでも現代の白人の国々では、世界の美は神をはいりこませることのできるほとんど唯一の道なのだ。というのは、わたくしたちは他の二つの道からはなおさら遠いからだ。宗教的なつとめに対する本当の愛と尊敬は、熱心にそのつとめをしている人々にさえまれであって、他の人々にはほとんどまったく見あたらない。大部分の人々はその可能性さえも考えない。不幸の超自然的な効用については、同情と感謝はまれであるばかりでなく、今日ではほとんどすべての人々にとって、ほとんど理解できないものになっている。それらの観念さえもほとんど消滅し、それらの言葉の意味さえも低いものになっている。

それに反して美の感情は、たとえ傷ついても、ゆがんでも、汚れても、人の心の中に強力な動因として消しがたく残っている。世俗生活のすべての心がまえに現存している。もしそれが真正純粋なものにされれば、すべての世俗生活を神の足もとへいっぺんに移し、信仰の完全な具現を可能にすることだろう。

また一般的に言って、世界の美は一番ふつうで、一番やさしく、一番自然な道である。

神は魂が開きかかるや否や、魂を通じて不幸な人々を愛し助けるために、すべての魂のもとへ急ぐのと同じように、魂を通じて、神自身が造った世界に感じられる美しさを愛し讃えるために、すべての魂のもとへ急ぐのだ。

けれども、その反対はいっそう真実である。魂が美を愛そうとする自然な傾きは、しばしば神が魂をいと高きところからの息吹に向って開くために用いる罠である。

それがコレー〔ギリシア神話の ペルセポネの娘〕のかかった罠だった。水仙の香りは高い空のすべてと地のすべてと海のすべてのふくらみをほほえませていた。可愛そうな若い娘は手をさしのべるや否や、罠にかかった。彼女は生ける神の手に落ちた。彼女がそこから逃れ出たとき、彼女はざくろの実を食べていて、それは永遠に彼女を拘束した。彼女はもう乙女ではなかった。神の花嫁だった。

世界の美は迷宮の入口である。軽率な人ははいって何歩か歩くが、しばらくすると入口がわからなくなる。闇の中で疲れきって、食べるものも飲むものもなく、近親からも、すべての愛する者からも、すべての知人からもはなれて、何もわからず、希望もなく、自分が本当に進んでいるのか、同じところをまわっているのかも知らずに、歩いている。けれどもこの不幸も、彼を脅す危険にくらべれば何でもない。というのは、彼が勇気を失わずに歩きつづければ、最後には迷宮の中心に達することは、まったくたしかだからだ。そしてそこには神が彼を食べようと待っている。後になって彼は出て来るだろうが、神に食べられ、消化されて、変化し、別人になっている。それから彼は入口のそばに立って、近づく人々をやさしく中へ押し進めるだろう。

世界の美は物質そのものの属性ではない。それは世界とわたくしたちの感受性との関係である。この感受性はわたくしたちの体と魂の構造に属する。ヴォルテールのミクロメガスという考える滴虫は、宇宙の中でわたくしたちが養われている美しさに、少しも近づけないだろう。そういうものが存在する場合には、世界がそういうものにとっても美しいと信じなければならない。けれどもそれは別の美しさになるだろう。とにかく宇宙はすべての段階で美しいと信じなければならない。もっと一般的に言えば、実在する考えるものと、すべての可能な考えるものの肉体的精神的な構造に対して、宇宙は十分な美しさを持っていると信じなければならない。この無限な数の美しさの一致こそ世界の美しさの超越的な性格をなすものだ。けれどもわたくしたちが感ずるこの美しさは人間の感受性に適したものについてである。

世界の美は神の創造と神の知恵の協力である。「ゼウスはすべてのものを完成し、バッカスはそれをさらに完成した」とオルフェウスの詩に言われている。さらに完成したというのは、美を造ったことだ。神は宇宙を創造し、その御子、すなわちわたくしたちの長兄はわたくしたちのために宇宙の美を創造した。世界の美は、物質を通じてわたくしたちにキリストがやさしく微笑するものだ。キリストは宇宙の美の中に現実に現存する。この美への愛は、わたくしたちの魂に降った神から出て、宇宙の中に現存する神に向う。これもまた何か秘蹟のようなものだ。

これは宇宙の美についてだけ言えることだ。神を除いては、宇宙全体だけが十分な意味で美しいと言えるものだ。宇宙の中にあって宇宙より小さいものは、美という言葉を厳密な意味でなく、間接に美にあずかるもの、美の模倣であるものにひろげることによってだけ美と言われることができる。

すべてこれらの第二義的な美は宇宙の美を開き示すものとして無限の価値がある。しかしそこにとどまるなら、それはかえって蔽いになり、汚すものになる。すべてのものが多かれ少なかれこの誘惑を含んでいるが、その度合いはさまざまである。

また美にまったく縁のないたくさんの誘惑の因子もあって、識別力が欠けていれば、それらの因子を含むものをそれらのゆえに美と呼ぶことになる。偽りによって愛を引き寄せ、すべての人は自分が愛するものをすべて美と呼ぶからだ。すべての人は、どんなに無知な人も、どんなにいやしい人も、美だけが愛をうける権利があることを知っている。本当にきわめて偉大な人々もそれを知っている。どんな人も美より上ではなく、下でもないのだ。自分の愛するものをほめようとするや否や、すべての人の唇から美をあらわす言葉が出る。ただ美をよく識別できる人と、そうでない人とがあるのだ。

この世では美だけが目的性をなしている。カントがたくみに言ったように、美は目的のない合目的性である。美しいものは見えるとおり、その全体の中にそれ自身以外には何の善をも含まない。わたくしたちはそれに何を求めるかを知らずに向って行く。それはわたくしたちにそれ自身の存在を提供するのだ。わたくしたちは他のものを望まず、それを所有しながら、もっと望んでいる。自分が何を望んでいるのかわたくしたちはまったく知らない。わたくしたちは美の背後に行きたいのだが、美は表面にすぎない。美はわたくしたち自身の善への願望を送りかえす鏡のようなものだ。美はスフィンクス、謎、悩ましくいらだたせる神秘である。わたくしたちは美を糧にしたいが、美は目の対象にすぎず、あるへだたりをおいて、あらわれるにすぎない。人生の大きな苦しみは、見ることと食べることとが二つの違った作用だということだ。ただ天の向う側だけでは、神のいます国では、それが唯一同一の作用である。子供でも、菓子を長い間ながめて、食べるのは惜しいと思いながら、食べずにいられないときには、この苦しみを経験している。おそらく悪徳や堕落や罪はほとんどつねに、あるいはまったくつねにその本質においては、美を食べるという誘惑、ただながめるべきものを食べるという誘惑である。イヴがそのはじまりだった。イヴが木の実を食べて人類を堕落させた〔創世記三・六〕とすれば、実を食べないでながめるという逆の態度は人類を救うものであるはずだ。「つれだった二つの翼あるもの、二羽の鳥が枝の上にいる。一羽は木の実を食べ、他の一羽は木の実を見ている」とウパニシャッド〔古代インドの聖典〕に記されている。この二羽の鳥はわたくしたちの魂の二つの部分である。

美がこの世で唯一の合目的性をなしているのは、美が何の目的も含んでいないからだ。この世には目的になるものは何もないのだ。わたくしたちが目的だと思っているものは、すべて手段なのだ。これは明らかな真実である。金銭はものを買う手段、権力は支配する手段である。このことはわたくしたちが善と呼ぶすべてのものについて、多かれ少なかれはっきりしている。

美だけはほかのものの手段ではない。美だけがそれ自身においてよいものだが、わたくしたちは美の中に何も善を見いだしはしない。美そのものは何かの約束であって、善ではないように思われる。けれども美はそれ自身だけしかあたえない。美は決してほかのものをあたえないのだ。

それにもかかわらず、美は唯一の合目的性だから、人間のすべての追求に現存している。すべてこの世に存在するものは手段にすぎないから、すべての追求は手段を追うにすぎないけれども、美はそれらの追求に合目的性の彩りをつける輝きをあたえている。そうでなかったら、追求する願望がないだろうし、したがって追求のエネルギーがないだろう。

アルパゴン〔モリエールの劇中人物〕のような欲ばりにとっては、世界のすべての美は黄金の中に閉じこめられている。そして実際に黄金はきれいで輝かしい物質だから、何か美しさがある。黄金が貨幣として使われなくなると、この種の欲ばりは消えたようだ。今日では、金銭をつかわないで蓄積している人たちは、力を求めているのだ。

富を求める人の大部分は、そこにぜいたくという考えを加えている。ぜいたくは富の合目的性である。そして、ぜいたくはある種の人間にとっては美そのものだ。ぜいたくな環境の中でだけ、漠然と宇宙が美しいのを感ずることができるのだ。ちょうどアッシジの聖フランチェスコが宇宙が美しいことを感ずるために、放浪する乞食になりたかったのと同じようだ。どちらの場合にも、世界の美が同じように直接に、同じように純粋に、同じように十分に感じられるとすれば、どちらの手段も等しく正当だろう。けれども幸いにして、神はそうでないことを望んだ。貧乏の方に特権がある。貧乏には、それがないと世界の美への愛がたやすく隣人愛と矛盾を来たすような、神の摂理による心がまえがある。それにもかかわらず、貧乏に対する恐れは——すべて富の減少は貧乏と感じられることがあるし、富が増加しないことさえもそう感じられることがあるのだが——本質的に醜さに対する恐れだ。世界の美を漠然とでも、偽りを通じてでも、何も感じないような状況にある人は、そういう一種の恐れによって中心まで侵蝕されているのだ。

権力への愛は自分のまわりの人や物の間に秩序をつくろうとする望みに帰着する。大きい秩序にしても、小さい秩序にしても、この秩序は美の感情の結果として望ましいものになる。この場合にもぜいたくの場合と同じように、ある限られた環境を、宇宙の美の印象をあたえるように整頓しようとしているのだ。ただしこの環境をたえず拡大しようと望むことが多い。人が組織する環境は宇宙ではないのに、その場合の不満や拡大の望みは、まさに宇宙の美に触れることを望むところから起ったものだ。その環境は宇宙ではなく、宇宙をかくしているものだ。周囲の宇宙は舞台装置のようなものになる。

ヴァレリーは『セミラミス』という詩の中で、圧制の施行と美への愛との間のつながりを、みごとに感じさせている。ルイ十四世は権力を拡大する手段である戦争以外には、祝宴と建築にしか興味を持たなかった。もっとも戦争そのものも、とくに昔の戦争ははげしく強く美の感受性に触れるものだった。

芸術は人間が形をあたえる限られた分量の物の中に、宇宙全体の無限な美のイメージを移し入れようとする試みだ。その試みが成功すれば、それだけの分量の物質は宇宙をかくすのではなくて、反対にその周囲の実在のすべてをあらわすはずである。

世界の美の正当で純粋な反映でない芸術作品、世界の美を直接開いて見せる窓にならない芸術作品は、本来の意味では美しくない。そういう作品は第一級のものではない。そういうものの作者も多くの才能を持っているかもしれないが、本物の天才ではない。きわめて有名でほめたたえられている多くの芸術作品はそういうものだ。すべて本当の芸術家は世界の美と現実に直接に接触している。この接触は何か秘蹟のようなものだ。すべて第一級の芸術作品は、その主題がどんなに世俗的なものであっても、神が霊感をあたえている。その他の芸術作品には神が霊感をあたえていない。そのかわりに、その他の芸術作品のあるものをおおう美の輝きは、まさに悪魔の輝きである場合があろう。

科学は世界の秩序の研究と理論的な再構成とを目的とする。それは人間の心的、精神的、肉体的な構造との関係における世界の秩序である。そしてある学者たちの素朴な錯覚とは反対に、望遠鏡や顕微鏡をつかっても、どんなに特異な代数式をつかっても、また矛盾律を蔑視しても、人間の構造の限界を出ることはできない。それに、そういうことは望ましいことではない。科学が目ざすのは宇宙におけるわたくしたちの兄弟なる「知恵」の現存であり、世界を構成する物質を通じてのキリストの現存である。

わたくしたちは限られた所与、数えられる所与、厳密に規定された所与から出発して、自分で世界の秩序をイメージに再生する。抽象的な、したがってわたくしたちに操作できる項と項との間に関係を考えて、きずなを結ぶ。こうして、宇宙の実体そのものである必然性、しかしそれ自身としてはとびとびにしかあらわれない必然性を、イメージとしてながめることができる。それはわたくしたちの注意のはたらきによって存在するイメージである。

何かの愛をともなわずにながめるということはない。世界の秩序のイメージをながめることは、世界の美とある接触をすることだ。世界の美とは愛される世界の秩序のことだ。

体を使う仕事は世界の美との特別な接触になるもので、一番よいときには、他には見られないような豊かな接触が生ずる。芸術家も学者も思想家も観想者も、宇宙が非現実のうすかわを突きやぶるのを本当に讃嘆すべきである。そのうすかわは宇宙をおおい、宇宙がほとんどすべての人にとって、生活のほとんどすべての瞬間に、夢や舞台装置になるようにしているのだ。すべての人が宇宙を讃嘆すべきであるのに、しばしばそれができないことがある。ある日の労働で、すなわち自分が物質に従属したある日の努力で、手足がひどく疲れた人は、自分の肉体の中にとげのように宇宙の現実を身につけている。その人にとってむずかしいのは、見て愛することだ。それができれば、現実を愛していることになる。

神は貧しい人々にその大きな特権を残してある。けれども彼らはほとんどそれを知らない。人は彼らにそれを言わない。過度の疲労、あえぐような金銭の心配、また本当の教養が欠けているために、彼らはそれに気づくことができない。彼らが宝に近づく道を開くためには、条件を少しだけ変えれば十分だろう。多くの場合に人々が他の人々を宝に近づけることはどんなにやさしいか、そして、どうして人々はそういう骨折りをしないで何百年も過して来たかを思うことは、胸の張り裂けるようなことだ。

今日民間伝承として残された断片が集められている民衆的な文明の時代には、民衆はたしかにこの宝に近づいていた。神話も民間伝承にごく近いもので、その詩を判読すると、やはりそれを証言している。

すべての肉の愛は、本当の結婚やプラトニック・ラヴのような一番高いものから、放蕩のような一番低いものまで、世界の美を目的にしている。空や海や山の景色、たくさんの軽い音によって感じられる自然の沈黙、風のそよぎ、太陽の熱などに向けられる愛、すべての人があるとき少なくとも漠然と感ずるこの愛は、不完全な苦しい愛だ。なぜならこの愛は答えられないものに、物質に向けられているからだ。人々はこの同じ愛を自分の同類の人に移したいという欲求をいだく。この場合には愛に答えること、承諾すること、身をまかせることができるからだ。ときどき人間の姿に結ばれる美の感情は、少なくとも幻覚のようにしてこの移行を可能にする。けれども、その願望は世界の美、宇宙の美に向っているのだ。

このような移行は、きわめて古い、よく使われた詩の比喩や比較から、プルーストの微妙な分析にいたるまで、愛をめぐるすべての文学に表現されている。

人間において世界の美を愛そうとする願望は本質的にキリストの託身の願望である。それが別のものだと思うのは誤りだ。キリストの託身だけがその願望を満足させることができる。だから、神秘思想家が恋愛の言葉をつかうことがときどき非難されるのは、間違っている。神秘思想家こそそういう言葉の正当な所有者だ。ほかの人には彼らから借りるという権利だけしかない。

すべての領域の肉の愛が多かれ少なかれ美に向うものだとすれば——例外はおそらく外見だけのことだ——それはある人間の中の美によって、その人間が想像力にとっては何か世界の秩序に等しいものになっているからだ。

そのために、この領域の罪は重大なものになる。そういう罪は、魂が無意識に神を求める道についているという事実によって、神を侮辱するものになる。そして、すべてそういう罪は何かしら相手の同意を待たずに行動したいという唯一の罪に帰着する。まったく同意なしですまそうとする意欲は、人間のすべての罪の中で、とびぬけて一番恐ろしいものだ。それと知らなくても、神に等しいものをある人に求めながら、その人の同意を尊重しないということより恐ろしいことがあるだろうか。

また、それほど重大な罪ではないが、魂の低い領域や表面的な領域から出た同意で満足するということも、やはり罪である。肉の結合があってもなくても、愛の交換は、両方の同意が魂の中心点から出るのでなければ、不当なものだ。魂の中心点から出た承諾は永遠のものでしかありえない。結婚の義務は今日ではあまりにもしばしば単なる社会的な約束と見なされているが、肉の愛と美とのつながりによって、これは人間の思考の本性に記されているものだ。すべて美と何かの関係があるものは、時間の流れから引きはなされるべきものだ。美はこの世にある永遠のものである。

人が誘惑されているときに、しばしば、自分を無限に越えていて抵抗できない絶対的なものに対するような感情をいだくということは、驚くにあたらない。まさに絶対者がそこにあるのだ。けれども快楽の中に絶対者があると思えば、間違っている。

その間違いは想像の移動の結果であって、これは人間の思考の主要なメカニズムをなすものだ。ヨブの語る奴隷は、死ぬときに主人の声を聞かなくなるのだが、この奴隷はその声が自分に苦痛をあたえると信じている。これはあまりにも真実なことだ。その声は彼をあまりにも苦しめるものなのだ。それでいながら、彼は間違っている。その声はそれ自身で苦しいものなのではない。もし彼が奴隷でなかったら、その声は何も彼の苦痛を起さないだろう。けれども彼は奴隷だから、むち打ちの苦痛と残酷さがその声といっしょに、聴覚から魂の底まではいって来る。彼はそれを妨げることができない。不幸がこのつながりをつけているのだ。

同じように、快楽に支配されていると思っている人は、実際には自分がそこに宿らせた絶対者に支配されている。この絶対者と快楽との関係は、むち打ちと主人の声の関係のようなものだ。けれども、この場合のつながりは不幸の結果ではなく、はじめの罪、偶像崇拝の罪の結果である。聖パウロは、悪徳と偶像崇拝との結びつきを指摘している〔ローマ人への手紙一・二四―二五〕。

快楽の中に絶対者を宿らせた人は、その快楽によって支配されないわけには行かない。人は絶対者に対して戦うものではない。絶対者を快楽の外におくことができた人には、完全な節制の徳がある。

さまざまな種類の悪徳、文字通りの意味や比喩的な意味での麻酔剤の使用、そういうことはすべて世界の美が感じられる状態を求めている。誤りはまさに特別な状態を求めるところにある。偽りの神秘もまたこの誤りの一つの形である。誤りが十分に魂の底までしみこんでいれば、人はそれに負けないわけには行かない。

一般的に言えば、すべて人間の好みは一番罪深いものから一番汚れのないものまで、一番ふつうのものから一番めずらしいものまで、その人の周囲の状況の全体に関係している。人々が世界の美に近づくと思っている環境に関係するのだ。それぞれの環境の特質は気質や過去の生活の痕跡やしばしば知りえない原因にもとづくものだ。

感じられる快楽にひかれることが、美との接触にひかれることではない場合は一つだけしかないが、それはよくある場合で、快楽にひかれることが美に対するかくれがになる場合である。

魂は世界の美との接触、あるいはもっと高い水準で神との接触以外を求めない。けれども同時に魂はそこから逃げる。魂が何かから逃げるときには、魂はいつも醜さを恐れているか、それとも本当に純粋なものとの接触から逃げているかである。というのは、すべて平凡なものは光から逃げるからだ。完徳に近い魂を除いては、すべての魂の中に大きな平凡な部分がある。この部分は少しでも純粋な美や純粋な善があらわれるごとに、恐怖にとらえられて、肉の後にかくれ、肉をおおいにする。戦争好きな民族が征服の企てを成功させるために、自分の侵略を何かの口実でおおいたいと思い、その口実がどんな性質のものであるかにはまったく無頓着であるのと同じように、魂の平凡な部分は光から逃げるために軽い口実を欲する。快楽にひかれることや苦痛を恐れることが、その口実になる。そこでもまた快楽ではなく、絶対者がその魂を支配しているが、それは嫌悪の対象としてであって、もう引き寄せられる対象としてではない。またしばしば肉の快楽の追求には、二つの動きが組み合わされる。それは純粋な美に向って走る動きと、純粋な美から遠く逃げる動きとであって、二つの動きは見わけにくくからみあっている。

いずれにしても、人間が関心をいだくことにはどんなことにも、多かれ少なかれゆがんだり汚れたりしたイメージにみとめられる世界の美への配慮が、含まれていないことは決してない。したがって、人生には自然の領域であるようなところはない。超自然的なものがどこにも秘かに現存している。何千というさまざまな形で、神の恵みと大罪がいたるところにある。

部分的な、無意識な、ときに罪のある美の探求と、神との間の唯一の仲介は世界の美である。キリスト教はストア派の思想、すなわちこの世の国、宇宙という地上の祖国に対する敬愛を加えないかぎり、血肉をそなえたものにはならないだろう。今日では理解しにくい誤解の結果、キリスト教がストア派の思想からはなれた時に、キリスト教は抽象的な分離した存在であるように定められた。

たとえば芸術や科学におけるような美の探究のきわめて高い完成も、現実に美しくはない。唯一の現実の美、神の現実の現存である唯一の美は、宇宙の美である。宇宙よりも小さいものは何も美しくない。

もし完全な芸術作品と呼ばれるに値するものがあるとしたら、その作品が美しいのと同じように宇宙は美しい。だから宇宙は目的や善となりうるものを何も含んでいない。宇宙は宇宙の美そのものの外には何も合目的性を含まない。宇宙には絶対に合目的性がないということこそ、宇宙について知るべき本質的な真理である。どんな合目的性の関係も、偽りや誤りによってでなければ、宇宙にあてはめることはできない。

詩について、なぜある語がその位置にあるのかとたずねられて、答えられるなら、それはその詩が第一級のものでないか、読者が何もわかっていないかである。もし、その語がそこにあるのはある観念を表現するためとか、文法的なつながりのため、韻のため、頭韻のため、行をうめるため、ある色彩のため、あるいはまた同時にこのようないくつかの理由のためと言って正しいなら、その作詩は効果をねらったのであって、そこには本当の霊感がなかったのだ。本当に美しい詩の場合には、唯一の答えは、その語がそこにあるのは、そこにあるのが適当だったからだという答えである。それが適当であるということの証明は、その語がそこにあるからであり、その詩が美しいからである。その詩は美しい、すなわち読者はその詩が違ったものであることを望まないのだ。

こうして芸術は世界の美を模倣する。ものや存在やできごとが適当だということは、ただそれらが存在するということ、またわたくしたちはそれらが存在しないように、あるいは他の存在の仕方をするように望むべきではないということだ。そういう望みは宇宙というわたくしたちの祖国に対する不敬であり、ストア的な宇宙愛にそむくことである。わたくしたちは事実においてこの愛をいだきうるようにできている。そしてこの可能性が美と呼ばれるものだ。

「なぜこういうものがあって、ほかのものはないのか？」というボーマルシェの問いには決して答えがない。なぜなら宇宙には合目的性がないからだ。合目的性がないということは必然が支配するということだ。ものごとには原因があって、目的はない。摂理の個々の計画を識別できると思う人々は、美しい詩を犠牲にして、テキストの説明と称するものに没頭する教授たちに似ている。

芸術において、この必然性の支配と同等なものは、物質の抵抗と専制的な規則である。詩人は、言葉を選択するとき、観念のつづきとは全然関係のない方向を韻によって課せられる。韻は詩において、おそらく生活における不幸と似たような機能を持っている。不幸は魂全体で合目的性のないことを感ずるように強いるものだ。

もし魂を方向づけているのが愛であれば、必然性を見れば見るほど、そして自分の肉にさえも必然性の金属のような堅さと冷たさを強く感じれば感じるほど、それだけ魂は世界の美に近づいて行く。これはヨブが経験したことだ。彼が苦しみにおいてあれほどまじめであったから、そして自分の中に苦しみの真実をまげるような考えを何も許さなかったから、神は彼に世界の美をしめすために、彼のもとへ降ったのだ。

キリストがわたくしたちに、どんなに雨や日光が義人にも悪人にも差別なく注がれるかを見るように教えた〔マタイ福音書五・四五〕のは、合目的性の欠如、意図の欠如が世界の美の本質であるからだ。これはプロメテウスの最後の叫びを思い出させる。「万人に同じ光をそそがしめる天空よ」と。キリストはわたくしたちにこの美を模倣することを命ずる。プラトンも『ティマイオス』の中で、わたくしたちがよく見ることによって世界の美に似たものになり、日ごと夜ごと、月ごと、季節ごと、年ごとにつぎつぎにもどって来る循環の動きの調和に似たものになることをすすめている。それらの循環の動きにおいても、それらの組み合わせに意図や合目的性が欠けていることは明らかである。そこには純粋な美が輝いている。

宇宙が祖国であるのは、わたくしたちが宇宙を愛しうるからであり、宇宙が美しいからである。宇宙はわたくしたちの地上の唯一の祖国である。この考えはストア派の知恵の本質をなしている。

わたくしたちには天の祖国がある。けれども、ある意味ではそれを愛することはむずかしすぎる。なぜならその国を知らないからだ。また、ある意味では、その国を愛することはやさしすぎる。というのも、自分の気に入るように、その国を想像できるからだ。わたくしたちは天上の祖国という名前で架空のものを愛する危険がある。もしこの架空のものへの愛が十分に強ければ、それによってすべての徳は容易なものになるが、またあまり価値のないものになる。地上の祖国を愛そう。これは現実のものだ。これは愛に抵抗するものだ。これこそわたくしたちが愛するように、神からあたえられたものだ。その愛がむずかしくて、しかも可能であることを、神は望んだのだ。

　わたくしたちはこの世ではよそものであり、根のないもの、流浪しているものであることを感じている。ちょうど、眠っている間に水夫たちにつれて行かれたユリシーズ〔ホメーロスの『オデュッセイア』の中の人物、アテネ、カリュプソ、セイレネスも同じ〕が、見知らぬ国で目をさまして、魂を引き裂かれるようにイタカへの願望を感じていたのに似ている。突然女神アテネが彼のまぶたを開くと、彼は自分がイタカにいることを知った。それと同じように、すべてあきずに自分の祖国を望んで、カリュプソによっても、セイレネスによっても、自分の望みから気を散らされない人は、いつか突然に自分が祖国にいることを知るのだ。

　世界の美をまねること、合目的性や意図や差別の欠如に答えること、これはわたくしたちが意図を持たないことであり、自分の意志を放棄することだ。完全に従順であることは、天にいますわが父が完全であるように完全であることだ。

　人間どうしでは、奴隷は主人に従順であっても、主人に似ることはない。反対に、従順であればあるほど、命令する人とのへだたりは大きくなる。

人と神との関係は違っている。理性を持つ被造物は、絶対的に従順であれば、可能なかぎり全能者の完全なかたどりになる。

人間において神のかたどりであるものは、わたくしたちが一つの人格であるという事実に結びついたものであるが、この事実そのものではない。それは人格を放棄する能力だ。それは従順ということなのだ。

人が神の存在にあずかるものとなるすぐれた段階に高められるたびごとに、その人には何か非人格的な無名なものがあらわれる。その人の声は沈黙に包まれる。これは芸術や思想の偉大な作品や、聖者の偉大な行為や言葉にあらわれている。

だからある意味では、神を非人格的なものとして考えなければならないことは本当である。それは神が、自分を放棄することによって自分を越える人格の模範になるという意味である。神を全能のペルソナとして考えること、あるいはキリストの名で人格として考えることは、神への本当の愛からはなれることだ。だからこそ、日光を等しくわかつ天の父の完全性を愛すべきである。従順というわたくしたちの自己放棄の絶対的な模範である神、それが宇宙を創造して秩序づける原理であり、それが存在の充満である。

人格であることの放棄によって、人間は神の反映になるからこそ、人々を不幸に追いやって生気のない物質の状態におとすのはきわめて恐ろしいことだ。人格という特質が奪われるとともに、すでに十分に準備ができている人を除いては、人格を放棄する可能性も奪われる。わたくしたちが愛によって自律性を放棄する可能性を持つために、神はわたくしたちの自律性を創造したのと同じように、同じ理由によって、わたくしたちは他の人々に自律性が保存されることを望まなければならない。完全に従順な人は人々の自由な選択の機能を無限に貴重なものと考える。

同じように、世界の美への愛と同情との間に矛盾はない。この愛は人が不幸なとき自分のために苦しむことを妨げない。他人の不幸のために苦しむことも妨げない。この愛は苦しみとは別の平面にあるからだ。

世界の美への愛はまったく普遍的なものだが、第二次的な愛、すなわちこの愛に従属する愛として、運が悪いと破壊されるような真に貴重なものへの愛をともなう。真に貴重なものとは、世界の美に向う段階となり、世界の美への窓となるものだ。もっと先へ進んで、世界の美そのものまで行った人は、それらの貴重なものへの愛がうすくなるのではなくて、前よりはるかに大きな愛をいだくようになる。

そういう貴重なものの中には、芸術や学問の純粋な本当の業績ということが数えられる。もっとずっと一般的に言えば、それはすべての社会的な層を通じて人間生活を詩で包むすべてのものだ。この世のすべての人間はある地上の詩によって根をおろしている。これは天上の光の反映であり、宇宙という祖国とともに多少とも漠然と感じられる自分のきずなである。不幸は根を抜かれていることだ。

人間の国々はおのおの完成の程度に応じて、その住民の生活を詩で包んでいる。人間の国々は世界という国のイメージであり、反映である。さらに、それらの国々が国家という形をとって、それら自身が祖国であると称すれば称するほど、それらはゆがんで汚れたイメージになる。けれども物質的にか、精神的にか、それらの国を破壊すること、あるいは人々を社会的な落伍者になるように追いこんで、そういう国からしめ出すことは、人間の魂と宇宙との間のすべての詩と愛のきずなを断つことだ。これは人々をしいて醜いものの恐怖の中へ投げこむことだ。これより大きな罪はない。わたくしたちはみな、ほとんど無数のそういう罪の共犯になっている。それがわかりさえすれば、わたくしたちはみな血の涙を流すに違いない。

宗教的なつとめへの愛

既成宗教への愛は、そこに必ず神の名があっても、それ自身としてははっきりした神への愛ではなくて、はっきり意識されない愛である。というのは、その愛が神との直接の接触を含んでいないからだ。宗教的なつとめが純粋な場合には、隣人や世界の美と同じように神が現存する。それら以上に現存するのではない。

宗教への愛が魂の中でどんな形をとるかは生活の状況によって大いに違う。ある状況ではこの愛が生れることとさえも妨げられ、あるいはまたこの愛が大きな力を持つ前に消滅する。ある人々は宗教家たちの残忍や高慢や腐敗に苦しめられたために、不幸の中で、意に反して宗教への嫌悪や軽蔑をいだく。またある人々は子供のときから、そのように宗教を嫌う精神のしみこんだ環境で育っている。そういう場合には、神の憐れみによって、隣人愛や世界の美への愛が、もし十分に強く十分に純粋ならば、魂はどんな高さへもみちびかれることができると考えなければならない。

既成宗教への愛はふつう自分が育って来た国や環境の主要な宗教を対象にする。だれでも神への奉仕を考えるときには、生活とともに魂の中へはいって来た習慣によって、まずそういう宗教のことを考える。

宗教のつとめの力を全体として考えるには、救い主の名をとなえる仏教の伝統によって考えるのがよい。仏陀によって救われることを望んでその名をとなえるすべての人々を、仏陀は彼岸において、彼自身のところまで高める誓いをたてたと言われる。そして、この誓いのゆえに、救い主の名をとなえることには現実に魂を変形させる力があると言われる。

宗教とはこのような神の約束以外のものではない。すべての宗教のつとめ、すべての祭儀、すべての典礼は救い主の名をとなえる一形式であり、原理的には実際に一つの効力を持つはずである。救われることを望んで一生懸命にとなえる人は、だれでも救われるという効力である。

すべての宗教はそれぞれの言葉で救い主の名をとなえる。普通には、外国語よりも母国語で神の名をとなえる方がよい。いくつかの例外を除けば、魂はたとえよく知っている言葉でも、外国語の言葉をさがす軽い努力をしなければならないときには、完全な自己放棄はできないものだ。

貧弱で、扱いにくく、世界に弘まっていない国語を母国語とする作家は、他の国語をつかいたいという強い誘惑を感ずる。たとえばコンラッド〔ポーランド生れのイギリスの作家。(一八五七―一九二四)〕のように、それに輝かしい成功をおさめた人もあるけれど、それはまれな例だ。いくつかの例外を除けば、作家がつかう国語を変えることは思想や文体を害し、堕落させる。作家は後から採用した国語では平凡であり、不安定である。

魂にとって宗教が変ることとは、作家にとって国語が変るようなものだ。もちろんすべての宗教が救い主の名を正しくとなえるのに、等しく適しているというわけではない。ある宗教はたしかに大変不完全な仲介者だ。たとえばユダヤの宗教は、キリストを十字架につけることができたほどに、本当にごく不完全な仲介者だったはずだ。ローマの宗教はおそらくまったく宗教の名に値しないものだった。

けれども一般的に言えば、さまざまな宗教の段階を識別することは大変むずかしい、ほとんど不可能なこと、おそらくまったく不可能なことだ。なぜなら宗教は内面から知られるものだからだ。カトリック信者たちはカトリック教についてそう言うが、これはすべての宗教について本当のことだ。宗教は糧である。自分が食べたことのない食物の味や栄養を、見ただけで評価することはむずかしい。

宗教の比較はただ共感の奇蹟的な力によってだけ、ある程度可能であるにすぎない。人々を外から観察すると同時に、共感によって自分の魂をしばらくその人々の中に移し入れる場合には、ある程度その人々を知ることができる。それと同じように、さまざまな宗教の研究は、研究しようとする信仰の中心へ、信仰によってしばらく自分を移さなければ、認識にはならない。それは一番強い意味の信仰によって行われることだ。

これはほとんどないことである。というのは、ある研究者たちは何も信仰を持っていない。またある研究者たちは一つの宗教だけを信仰していて、他の宗教には、変った形の貝殻に対するような注意をするだけだ。さらにまたある研究者は、どちらへでも向けられる漠然とした宗教性だけしか持っていないから、公平な態度がとれると思っている。その反対に、他のおのおのの宗教を、それぞれに適した最高度の注意と信仰と愛をもって考えることができるためには、一つの宗教に自分のすべての注意、すべての信仰、すべての愛をささげていなければならない。ちょうど、友情をいだくことができる人こそ、見知らぬ人の運命に心をつくして関心を持つことができる人であるのと、同じようである。

すべての領域において、愛はある特殊な対象に向けられていなければ、現実ではない。愛はただ類推と移行の結果としてだけ、現実性を失わずに普遍的なものになる。

ついでに言えば、そういう類推と移行がどういうものかという認識、数学やさまざまな科学や哲学がその準備となる認識は、こうして愛と直接に関係するものだ。

今日ヨーロッパでは、またおそらく世界中でも、宗教を比較した認識はほとんどゼロである。そういう認識の可能性さえも考えられない。障害となる偏見がないとしても、そういう認識を予感することがすでに大変むずかしい。宗教生活のさまざまな形態の間には、目に見える相違を部分的につぐなうものとして、おそらくきわめて鋭い識別力によってはじめてみとめられる、かくれた同等性がある。おのおのの宗教は、元来あきらかな真理とはっきり意識されない真理との独創的な組合わせである。ある宗教にあって明らかなものが、他の宗教にあっては、はっきり意識されないものである。ある真理に対するはっきり意識されない同意が、ときには明らかな同意と同じ効果を持つことがある。またときには、はるかにそれ以上の効果を持つことがある。人の心の秘密を知っているもの〔コリント人への第一の手紙四・五〕だけが、さまざまな形の信仰の秘密を知っている。人々は何と言おうとも、そのものはこの秘密を啓示しなかったのだ。

人が主の名をとなえるのにあまり不適当ではない宗教の中で生れ、よい方向の純粋な愛でこの生れながらの宗教を愛している場合には、神と直接に接触して魂が神の意志そのものに従うのでないかぎり、その宗教を棄てる正当な動機を考えることはむずかしい。その敷居を越える変化は、服従によってでなければ正当ではない。歴史がしめしているように、実際にそういうことはめったに起らない。しばしば、あるいはおそらくつねに、最高の霊的領域に達した魂は、段階として役立った伝統をいっそう強く愛している。

自分の生れついた宗教にあまり大きな欠陥がある場合、あるいはその宗教が故郷の環境であまり腐敗している場合、またあるいは状況によってこの宗教への愛が生ずるのを妨げられたり、圧殺されたりした場合には、よその宗教をとることが正当である。ある人々にとっては正当であり、必要である。もちろん、すべての人にとってではない。何も宗教的なつとめを持たずに育った人々についても同様である。

その他のすべての場合には、宗教を変えることはきわめて重大な決定であり、他人にそうさせることはなおさら重大なことである。征服された国でそういうことを公に強制するのは、さらに無限に重大なことだ。

ところが、ヨーロッパでもアメリカでも地方によって宗教的な多様性が存在するにかかわらず、原理的には、直接にか間接にか、近くか遠くか、カトリック教はすべての白色人種の生れながらの霊的環境であると言える。

宗教的なつとめの持つ力は、完全に純粋なものとの接触が悪を破壊する効力を持つところにある。宇宙全体の美しさ以外には、この世に完全に純粋なものはない。そしてわたくしたちは完徳に向って大きく進まなければ、宇宙全体の美しさを感ずる力がない。この全体的な美しさは、ある意味で感じられるものであるけれども、何か感じられるものの中にはいっているのではない。

宗教的なものは感覚できる個々のものとしてこの世に存在しながら、完全に純粋である。それ自身のあり方によって純粋なのではない。教会は醜く、歌は偽りで、司祭は腐敗し、信者はぼんやりしているかもしれない。ある意味では、それは大事なことではない。ちょうど幾何学者が正しい証明を説明するために図形を描いたとき、その直線が曲がり、円がつぶれていても、それは大事なことではないのと同じようである。宗教的なものは権利上、理論的に、仮説によって、定義によって、約束によって、純粋である。こうしてその純粋性は無条件である。いかなる汚れもその純粋性に触れることはできない。だからこそそれは完全なのだ。けれども、すべての可能な長所をそなえているのに惜しいことに存在しないというオルランドの牝馬〔アリオスト作の『狂えるオルランド』のなかの滑稽な表現による、死んでいることをのぞいて、いっさいの完全さをそなえていた馬。〕のように完全なのではない。人間の約束は、人々がそれを守るように強制する動力が加わらなければ、効果がない。それ自身では単なる抽象にすぎない。非現実的で何のはたらきもない。しかし、宗教的なものを純粋にしている約束は、神自身によって認可されている。だからそれは効果のある約束、力のある約束、それ自身によって何かのはたらきをする約束である。この純粋性は無条件で完全で、同時に現実のものだ。

これは事実の上の真理である。だから証明されるものではない。経験によって立証されるだけだ。事実において、宗教的なものの純粋性は信仰と愛が欠けていなければ、ほとんどいたるところに、美の形であらわれている。たとえば典礼の言葉は素晴しく美しい。そしてとくにキリストの唇からわたくしたちの代りに発せられた祈りは完全なものだ。またロマネスクの建築やグレゴリオ聖歌は素晴しく美しい。

けれども、中心にはまったく美しさを欠いたものがあって、何も純粋性をあらわしていない。それは単に約束にすぎないものだ。それはそうでなくてはならないのだ。建築や歌や言葉は、たとえキリストが組合わせた言葉であっても、すべて絶対的純粋性とは別のものだ。この世でわたくしたちの地上の感覚に具体的なものとしてしめされる絶対的な純粋性は、約束でしかありえない。約束であって、ほかの何ものでもない。中心点におかれたこの約束が聖体である。

現実にキリストが聖体に現存するというドグマの不条理は、このドグマの力となっている。食物という強い象徴を除いては、一片のパンには神に向う思考のとりつくべきものはない。こうして、神の現存が約束であるという性格は明らかだ。キリストは約束によらなければ、こんなものの中に現存することはありえない。この事実によってこそ、キリストはそこに完全に現存しうるのだ。神はこの世ではひそかにしか現存しえない。聖体における現存は本当に秘められている。なぜならわたくしたちの思考のいかなる部分も、この秘密の中にははいれないからだ。だからこの現存は完全である。

存在しない完全な直線や完全な円について推理したことが、実際の技術に適用できることを、だれも驚きはしない。けれどもこれは理解できないことだ。聖体の中に神が現存するということの現実性は、もっと素晴しいことだが、もっと理解できないことなのではない。

ある意味では類推によって、幾何学者がある三角形には仮説によって二つの等しい角があると言うのと同じように、聖別されたパンには仮説によってキリストが現存するとも言えよう。

約束だからこそ、聖別する人の聖的な状態ではなく、聖別する形式だけが重要である。

もしこれが約束以外のことであるとしたら、これは少なくとも一部は人間的なことになり、完全に神のことなのではないことになる。この現実の約束はピュタゴラス派のような意味で超自然的な調和である。

おそらくこの世では約束だけが完全に純粋である。なぜなら約束でないすべての純粋性は多かれ少なかれ不完全だからだ。約束が現実でありうるのは、神の憐れみの奇蹟である。

救い主の名をとなえることに関する仏教の考えも同じ内容のものだ。名もまた約束だからだ。けれどもわたくしたちの考えの中に、ものとものの名とを混同する習慣があるために、そのことが忘れられやすい。聖体はきわめて高度の約束ごとである。

キリストの人間として、肉としての現存さえも、完全な純粋性とは別のものだ。なぜならキリストは御自分をよい人と言った者をとがめたし、またこう言ったからだ。「わたくしが去る方が、あなたがたにはよいのだ」〔ヨハネ福音書一六・七〕と。だからキリストは聖別されたパンの中に、いっそう完全に現存するというのが真実らしいことだ。キリストの現存は秘められていればいるほど完全である。

けれどもこの現存はその肉の体において、役人がこの体を前科者の体としてとらえたときには、

郵便はがき

101-0021

お手数ですが切手をお貼りください

千代田区外神田二丁目十八—六

春秋社

愛読者カード係

＊お送りいただいた個人情報は、書籍の発送および小社のマーケティングに利用させていただきます。

(フリガナ) お名前	(男・女)	歳	ご職業
ご住所 〒			
E-mail		電話	

※**新規注文書** ↓(本を新たに注文する場合のみご記入下さい。)

ご注文方法 □**書店で受け取り** □**直送(代金先払い)** 担当よりご連絡いたします

書店名	地区	書名	
取次	この欄は小社で記入します		

読ありがとうございます。このカードは、小社の今後の出版企画および読者の皆様と
連絡に役立てたいと思いますので、ご記入の上お送り下さい。

のタイトル〉※必ずご記入下さい

●お買い上げ書店名(　　　　地区　　　　　　書店　)

書に関するご感想、小社刊行物についてのご意見

※上記感想をホームページなどでご紹介させていただく場合があります。(諾・否)

購読新聞	●本書を何でお知りになりましたか	●お買い求めになった動機
. 朝日 . 読売 . 日経 . 毎日 . その他 (　　　　)	1. 書店で見て 2. 新聞の広告で (1)朝日 (2)読売 (3)日経 (4)その他 3. 書評で (　　　　紙・誌) 4. 人にすすめられて 5. その他	1. 著者のファン 2. テーマにひかれて 3. 装丁が良い 4. 帯の文章を読んで 5. その他 (　　　　)

内容	●定価	●装丁
□満足 □普通 □不満足	□安い □普通 □高い	□良い □普通 □悪い

最近読んで面白かった本　(著者)　　　　(出版社)

書名)

春秋社　電話 03-3255-9611　FAX 03-3253-1384　振替 00180-6-24861
E-mail:aidokusha@shunjusha.co.jp

疑いなくいっそう完全であり、またいっそう秘められたものだった。しかし、またそのときにはすべての人から棄てられたのだった。あまりに現存しすぎていたのだ。これは人々にとってたえがたいものだった。

聖体の約束やすべてそれに似たものは、人間には欠くことのできないものだ。完全な純粋性の現存が人間には欠くことのできないものだ。というのは、人間は十分な注意を感覚的なものにしか向けられないからだ。そして人間は注意をときどき完全な純粋性に向けることを欲するのだ。この行為によってだけ人間は移動のはたらきで、自分の中の悪の一部をこわすことができる。それだからこそ聖体は実際に罪を除く神の小羊である。

すべての人が自分の中に悪を感じ、それを嫌い、それを取除きたいと思う。わたくしたちの外には、二つの別の形で悪が見られる。苦しみと罪である。けれどもわたくしたちが自分自身についていだく意識には、この区別は抽象的に、反省によってでなければあらわれない。わたくしたちは自分の中に、苦しみでも罪でもなく、同時に両方であるものを感ずる。両方に共通な根を、二つが区別されずに混合したものを、同時に汚れと痛みであるものを感ずる。これがわたくしたちの中の悪である。これがわたくしたちの中の醜さである。これを感じているかぎり、嫌悪をもよおす。魂は吐きだすように、これをしりぞける。魂はこれを移動のはたらきによって、周囲のものの中へ移す。けれどもこうしてわたくしたちの目に醜く汚れて見えるようになったものは、わたくしたちがその中にいれた悪を、わたくしたちに送りかえす。それをふやして送りかえすのだ。この交換で、わたくしたちの中にある悪が大きくなる。そのときわたくしたちがいる場所、生活する環境そのものが、わたくしたちを悪の中にとらえているように思われ、これは日々にはなはだしくなる。そこには恐るべき不安がある。魂がこの不安に疲れて、それを感じなくなったときには、魂が救われる希望はほとんどない。

こうして病人は病室と周囲の人々に憎悪と嫌悪を感じ、罪人は牢獄に、またあまりにしばしば労働者は工場に同じものを感ずる。

このような人々には、美しいものをあたえても何もならない。というのは、時がたつにつれて、移動のはたらきによって、ついには嫌悪を起させるまでに汚されないものはないからだ。

ただ完全な純粋性だけは汚されることはありえない。魂が悪におかされているとき、完全に純粋なものに注意をそそいで、その場合悪の一部がそこに移されても、それによってそのものが変質することはない。完全に純粋なものは悪を送りかえさない。だからそういう注意は刻々に、実際に悪を少しずつ破壊する。

ユダヤ人たちが身がわりの山羊の儀式で、一種の魔術によって行おうとしたことは、この世では完全な純粋性によってでなければ行われない。本当の身がわりの山羊は「小羊」である。

完全に純粋なものがこの世で人間の形をとっているときには、その周囲に散らばっている悪の可能なかぎり最大量が、自動的に彼の上に苦痛の形で集中する。その時代には、ローマ帝国では、人々の最大の不幸と最大の罪は奴隷だった。それだから、彼は奴隷の極度の不幸だった体刑を受けた。この移動が神秘的に贖罪になっている。

同じように、聖別されたパンに現存する神の小羊に人が視線と注意を向けるときには、その人が持っている悪の一部は完全な純粋性の方へ移って行って、そこで破壊される。

これは破壊というよりも、変質である。完全な純粋性との接触によって、解きがたく混合した苦しみと罪が分離される。魂の中に含まれていた悪の一部は、魂がこの接触の火に焼かれると、単なる苦しみになり、愛に滲透された苦しみになる。

同じように、ローマ帝国に散らばっていて、キリストの上に集中したすべての悪は、キリストにおいて単なる苦しみになった。

もしこの世に完全で無限な純粋性がなかったら、もし悪との接触によって時がたつと尽きてしまう有限な純粋性だけしかなかったら、わたくしたちは決して救われないだろう。

刑罰はこの真理の恐ろしい例証になる。原理的には、刑罰は純粋なもの、善を目的とするものだ。けれどもそれは不完全な、有限な、人間的な純粋性である。だから罪と不幸との混合にたえず接触すると、この純粋性が尽きてしまって、そのかわりにほとんど罪に等しい汚れをとる。これは個々の犯罪者の汚れをはるかに越えた汚れである。

人々は純粋性の泉から飲むことを怠る。けれども、もし罪や不幸があるところには、どこにもこの泉がふき出しているのでなかったら、創造は残酷な業になっていることだろう。もし二千年以上前に、また布教されない国々に、罪や不幸がないとしたら、教会がキリストや秘蹟の独占者であるように考えることもできるだろう。二千二百年前にはキリストが不在で、すべての秘蹟が知られていなかったことを考えると、その時代にただひとりの奴隷でも十字架につけられたということは、どうして神を非難せずに考えられよう。たしかに、二千二百年前に十字架につけられた奴隷たちのことを、人は一向に考えていないのだ。

完全な純粋性に目を向けることを知ったとき、反逆しなければこの世でも完徳に達するだろうという確信を妨げるものは、人生の長さが限られているということだけだ。わたくしたちは有限な存在で、わたくしたちの中の悪も有限である。わたくしたちの目にあたえられる純粋性は無限なものだ。わたくしたちがそれに目を向けるごとに悪を破壊するとすれば、時間の制限がないかぎり、そのはたらきをたびたび繰り返せば、いつかすべての悪が破壊されることは確実なことだろう。そうすると、バガヴァッド・ギーターの素晴しい言葉を借りれば、悪の終りに行きつくだろう。わたくしたちは真理の主のために悪を破壊して、エジプトの『死者の書』に言われるように、主に真理をもたらすことだろう。

今日一般に見逃されているが、キリスト教の主要な真理の一つは、視線が人を救うということだ。青銅の蛇がつくられたのは、堕落の底に傷ついて横たわる人々が、それを見て救われるためだ。

気が進まないとき、神聖なものにふさわしい魂の高揚ができないことを感ずるときにこそ、完全に純粋なものに向けられた視線が一番効力を持つのだ。というのは、そのときにこそ悪が、あるいはむしろ凡庸さが魂の表面に浮んで、火に触れて焼かれるのに一番よい位置をとるからだ。

けれどもまた見るというはたらきも、そのときにはほとんど不可能になる。魂のすべての凡庸な部分は肉体の死が近づく恐れよりもはげしく、死を恐れて反逆し、自分をまもるために、嘘をつきはじめる。

その嘘を信じないではいられないのに、それを聞くまいとする努力、純粋なものを見ようとする努力は、その場合大変はげしいものだ。けれどもこれはおよそ努力とか、自分に対する無理強いとか、意志のはたらきなどと呼ばれるものとは、絶対に別のものだ。これをあらわすには別な言葉が必要だろうが、そういう言葉がない。

魂が救われようとする努力は、人が見ようとする努力、聞こうとする努力、婚約者が承諾しようとする努力に似ている。これは注意と同意のはたらきである。その反対に普通「意志」と呼ばれるものは何か筋肉の努力に似ている。

意志は魂の自然な部分の水準にある。意志のよい訓練はたしかに救いに必要な条件だが、遠い、低い、ごく従属的な、単に消極的な条件である。農夫の筋肉の努力は雑草を取り除くけれど、日光と水だけが芽を吹かせるものだ。魂にあって、意志は何もよいはたらきをしない。

意志の努力はきびしい義務を果すために役立つにすぎない。きびしい義務がないところでは、どこでも自然な傾向か、召命すなわち神の命令かに従わなければならない。傾向から生ずる行為は明らかに意志の努力ではない。そして神に服従する行為にあっては、人は受身である。その行為にどんな苦痛がともなっても、外見がどんなに活動的でも、魂の中に筋肉の努力に似たものは何も行われない。ただ期待と注意と沈黙と、苦しみや喜びを通じての不動な状態があるだけだ。キリストが十字架につけられたのは、すべての従順な行為の模範である。

すべてのはたらきの中で一番高いこのような受動的なはたらきは、バガヴァッド・ギーターや老子の中に完全に叙述されている。このはたらきにはまた反対なものの超自然的な一致、ピュタゴラス派の意味の調和がある。

善に向う意志の努力は、わたくしたち自身の凡庸な部分が破壊されることを恐れて吐きだす嘘の一つだ。この努力は何もその部分をおびやかすものではなく、その部分の安楽を減少するものでもない。たとえこの努力に多くの疲労と苦痛がともなっても、そうである。なぜなら、わたくしたちの凡庸な部分は疲労や苦痛を恐れず、圧殺されることを恐れるからだ。

足をそろえてたえずとびあがっていれば、毎日少しずつ高くとぶことによって、いつか落ちなくなり、天まであがれると思っている人のように、自分の魂を高めようとする人がある。そうやっていると、その人は天を見ることができない。わたくしたちは一歩でも天に向って進むことはできない。垂直に昇ることはわたくしたちには禁じられている。けれどもわたくしたちが長い間天を見つめていると、神が降りて来て、わたくしたちを引き上げて行く。神はわたくしたちを、やすやすと引き上げてくれる。アイスキュロスが言ったように「神の業には努力はない」。したがって神の業である救いはたやすいことであるが、わたくしたち人間にとってはすべての努力よりもむずかしいたやすさである。

グリムの童話の中に、大男と小さな仕立屋の力くらべの話がある。大男が石を高く投げると、石は長い間空中にあってから、落ちて来る。小さな仕立屋が鳥をはなすと、鳥は落ちない。翼のないものはいつも終には落ちるのだ。

この世だけの倫理という概念が不条理なのは、人間の意志が救いの実現に無力であるからだ。というのは、その場合、倫理と呼ばれるものは意志に訴えかけるだけであり、しかも意志の持つ、いわば最も筋肉的なものに訴えかけるだけだ。これに反し、宗教は内的願望に照応し、この願望こそ人を救うものなのだ。

ストア思想についてのローマ人のつくった戯画もまた、筋肉的な意志に呼びかける。けれども本当のストア思想、すなわちギリシアのストア思想――《ロゴス》や《プネウマ》という用語を聖ヨハネやおそらくはキリストもこの思想からとりいれたかと思われる――は、もっぱら願望と敬虔と愛である。これは謙遜にみちている。

今日のキリスト教は他の多くの点と同じくこの点でも、その敵からの伝染をうけている。神を探求するという比喩は筋肉の努力のような意志の努力を思わせる。この比喩がよく用いられたのはたしかにパスカルのためだ。パスカルはいくつかの誤りをおかしたが、とくに信仰と自己暗示をある程度混同するという誤りをおかしている。

神話や民間伝承のイメージや福音書の比喩のなかでは、神が人間を探している。《われをたずねんとて疲れて坐したまいしゆえ》〔死者のミサの中の言葉〕と。福音書には、どこにも人間が探求を企てることは問題になっていない。人間は推し進められるか、はっきりと呼ばれるかしなければ、一歩も進まない。未来の花嫁の役割は待つことだ〔マタイ福音書二五・一以下〕。奴隷は主人が宴会に行っている間、目ざめて待っている。通りすがりの人は自分で婚宴にまねかれるのではない。招待を要求するのではない。ほとんど不意打ちのように、その席へみちびかれるのだ。その役割はただ適当な衣服を着ることだけだ。畑で真珠を見つけた人は、その畑を買うために、すべての持ち物を売る。その人は真珠を掘り出すために、くわで畑を掘り起す必要はなかった。すべての持ち物を売るだけでよいのだ。神を望み、その他のすべてを放棄すること、それだけが人を救うものだ。

救いを実現する態度は、どんなはたらきにも似ていない。それをあらわすギリシア語は《hupomenê》でpatientia〔耐忍〕というその訳語はかなりまずい。これは待つことであり、いつまでもつづいて、どんな衝撃にも動揺しない注意深い忠実な不動性である。主人が叩いたらすぐに開こうとして、戸口で耳をそばだてている奴隷〔ルカ福音書一二・三六〕が、一番よいたとえだ。態度を変えるよりは、飢えと疲れで死んだ方がよいと思っていなければならない。仲間が呼んでも、話しかけても、叩いても、顔も向けないのでなくてはならない。たとえ主人が死んだと聞いても、たとえそれを信じても、その奴隷は動かないだろう。主人が自分のことを怒っていて、帰ったら打たれるだろうと聞いても、そしてそれを信じても、動かないだろう。

積極的な探求は愛にとってだけでなく、愛をまねた法則に従う知性にとっても、害になる。幾何の問題の解答や、ラテン語やギリシア語の意味は、心の中に浮ぶのをただ待たなければならないものだ。新しい科学的真理や美しい詩句はなおさらそうだ。探し求めると誤りにみちびかれる。各種の本当の善についてもそうなのだ。人は善を待って悪を除く以外のことをすべきではない。悪によって動揺させられないためにだけ、筋肉の努力をすべきだ。人間は裏返しにしてみなければならないものだが、裏返しになると、すべての領域の本当の徳は少なくとも外見では消極的なものだ。けれどもこうして善や真実を待つことはすべての探究よりもはげしいことである。

意志の徳に対立する神の恵みの概念、知的芸術的なはたらきに対立する霊感の概念は、よく理解されれば、待つことと望むこととの効力をあらわしている。

宗教的なつとめはまったく願望に生気づけられた注意でできている。だからこそいかなる倫理もそのかわりにはならない。けれども魂の凡庸な部分は祈りのときや秘蹟にあずかるときにさえも、自分を守ることのできる多くの嘘をたくわえている。それが完全に純粋なものの現存と自分の目の間におおいをおき、そのおおいを巧みに神と呼ぶ。それらのおおいは、たとえば感覚的な喜び、希望、励まし、慰め、鎮静などのもととなる魂の状態であったり、またいろいろな習慣の集まったもの、あるいは一人か何人かの人間や、ある社会的環境であったりする。

避けがたい罠は、宗教がわたくしたちに愛するように示す神の完全性を、想像しようと努力することだ。どんな場合にも、自分より完全なものを想像することはできない。この努力は聖体の驚異を無益なものにしてしまう。

聖体の中に、定義によって含まれるものだけしか見ないためには、ある程度の知性の教養が必要である。定義によって含まれるものは、わたくしたちがまったく知らないものであり、プラトンが言ったように、わたくしたちはそれが何かであること、そして私たちは誤りでなければそれ以外に望むべきものがないということだけしか知らないのだ。

罠の中の罠、ほとんど避けられない罠は、社会的な罠である。どこでも、いつでも、すべてのものにおいて、社会的感情は信仰の完全な模倣をつくり出す。すなわち完全に偽りの模倣をつくり出すのだ。この模倣には魂のすべての部分を満足させるという大きな利点がある。魂の中で善を望む部分はそれで養われると信ずる。凡庸な部分は光によって傷つくことがない。まったく気楽である。だからみなが賛成する。魂は平和だ。けれどもキリストは平和をもたらしに来たのではないと言った。キリストは刃をもたらした。それはアイスキュロスが言ったように、二つに切る刃だ。

信仰を信仰の社会的な模倣から識別することはほとんど不可能だ。魂の中に本当の信仰の部分と模倣された信仰の部分とがありうるから、ますます不可能になる。ほとんど不可能だが、まったく不可能なのではない。

現在の状況では、社会的な模倣をしりぞけることは、おそらく信仰にとって死活の問題である。汚れを取除くために完全に純粋な現存が必要であるのは、教会に限ったことではない。人々は教会の中へ彼らの汚れを持って来る。それはよいことだ。けれども、さらにまたキリストがその現存を恥や悲惨や罪や不幸で一番汚れたところへ、すなわち刑務所や裁判所や貧民街へ持って行くことは、もっとキリスト教の精神に合致したことだろう。法廷では、始めと終りに法官と警官と被告と傍聴人の共通の祈りがあるべきだろう。キリストは労働の場所や研究の場所に不在であってはならないだろう。すべての人間は何をしていても、どこにいても、毎日、一日中青銅の蛇を見つめることができるのでなければならないだろう。

けれどもまた宗教は見ること以外のものではないことが一般に、公にみとめられなければならないだろう。宗教がほかのものであると称するかぎり、宗教は教会の中に閉じこめられるか、宗教が存在する他のすべてのところですべてを窒息させるか、どちらかが避けられない。社会の中で宗教は魂の中の超自然的な愛に適する場所以外の場所を占めようとしてはならない。しかし多くの人は自分の魂の中で愛にあまり大きな、あまり目に見える場所を占めさせようとするために、自分の中で愛を堕落させていることも本当である。天の父は隠れた所にしか住まわない。愛は恥じらいなしにははたらかない。本当の信仰は自分自身に対してさえも、大きな慎重さを含んでいる。信仰は神とわたくしたちとの間の秘密であって、その秘密にはわたくしたち自身はほとんどあずからないのだ。

隣人愛、世界の美への愛、宗教への愛は、ある意味でまったく非人格的な愛なのだ。宗教は社会的な環境に関係するから、宗教への愛は非人格的ではないものになりやすい。宗教的なつとめの性質そのものがそれをなおすのでなければならない。カトリックの中心には少しばかり形相のない質料、少しばかりのパンがある。この一片の質料に向けられる愛はどうしても非人格的なものになる。わたくしたちが想像するようなキリストの人間としての人格ではなく、わたくしたちの中ではこれもまた想像の誤りに枉《ま》げられる父なる神のペルソナでもなく、あの質料の断片こそカトリック教の中心にあるものだ。これこそカトリックにおいて最もつまづきとなるものであり、これにこそカトリックの一番素晴しい力がある。宗教的な生活のすべての真正な形態には、同じようにその非人格的な性格を保証するものがある。神への愛は、まだ直接の人格的な接触がないかぎり、非人格的な愛でなくてはならない。そうでなければ、それは想像上の愛になる。つぎに、その愛は人格的になると同時に、もっと高い意味でふたたび非人格的な愛にならなければならない。

―友　情―

けれども、純粋で神の愛の予感と反映を含んでいる人格的で人間的な愛がある。それは、言葉を厳密に本来の意味で使うなら、友情である。

ある人間をとくに好むということは、どうしても隣人愛とは別のものになる。隣人愛は差別しない。隣人愛がとくにどこかへ向けられるのは、同情と感謝の交換を起すような不幸と偶然に出会った場合だけである。そして不幸がすべての人にそういう交換を起させうるかぎり、隣人愛はすべての人に向って同じようにはたらきうるものだ。

一定の人間を個人的に好むということには、二つの種類がある。相手の中にある善を求めるか、相手を欲するかである。一般的に言えば、すべての可能な愛着はこの二つの種類の間に配分される。人が何かに向っているのは、そのものの中に善を求めているか、それともそのものがなくてはすまされないかである。ときには、その二つの動機が一致することもある。けれども一致しないことが多い。二つの動機はそれ自身としては区別され、まったく独立している。人はほかに食べるものがなければ、嫌いなものを食べる。ほかにしようがないからだ。食物に適度の趣味を持つ人は美味なものを求めるが、美味なものがなくても平気でいる。空気がなければ、窒息してしまう。空気を求めて身をもがくのは、空気にある善を期待するからではなくて、空気が欲しいからだ。人が海の空気を吸いに行くのは、必要に迫られるのではなくて、それが快いからだ。しばしば時間の流れによって、自動的に第一の動機に第二の動機がつづくことがある。それは人間の大きな苦痛の一つである。ある人は自分がよりよい状態だと思っている特別な状態に近づくために、阿片を吸う。しばしば、阿片はやがてその人を苦しい状態にして、その人もそれを悪い状態だと感ずるようになる。けれども、もう阿片なしではすまなくなるのだ。アルノルフ〔モリエールの戯曲『女の学校』の中の登場人物〕はアグネスをその継母から買った。だんだんよい嫁に育てて行くように小さな娘を家におくことは、よいことだと思われたからだ。後になると、彼女は彼に身を切るような、また品性をさげるような苦痛をひき起すだけになった。けれども時がたつにつれて、彼女への愛着は生命のきずなのようになり、彼は恐ろしい詩句を歌わずにはいられない。「わたくしの胸は自分が死んでしまうに違いないことを感ずる」と。

アルパゴン〔モリエールの戯曲『守銭奴』の中の登場人物〕ははじめ金を善と見ていた。後になると、金は悩ましい執着の対象でしかなくなった。プラトンが言ったように、必要なものの本質と善の本質との間には大きな相違がある。

ある人から善を求めることと、その人のための善を欲することとの間には、何も矛盾はない。それだからこそ、ある人の方へ自分を推し進める動機がただ善を求めることだけであるときには、友情の条件はみたされていない。友情は超自然的な調和、対立するものの結合である。

自分にとってある人がある程度必要な人であるときには、自分の善を欲することを止めなければ、その人の善を欲することはできない。必要があるところには、強制と支配がある。人は自分の欲するものを所有しないかぎり、そのものの意のままになる。すべての人にとって中心となる善は自分を自由に方向づけるという善である。この場合人は自由を放棄するか、自分の欲する人が自由を欠くことを望むかである。自分が自由を放棄することは、偶像崇拝の罪だ。なぜなら、人は神のためにしか自由を放棄する権利がないからだ。

各種の機械的な動きによって、人間の間に、必要という鉄の堅さを持った情のきずなが結ばれることがある。母の愛はしばしばそういう性質のものだ。バルザックの『ゴリオ爺さん』の中にあるように、父の愛もときにはそういうものだ。『女の学校』や『フェードル』〔ラシーヌの戯曲〕の中にあるように、きわめて強い肉の愛はそういうものになることがある。夫婦の愛もしばしばとくに習慣の結果としてそういうものになる。子が親に対する愛や兄弟の愛の方が、めったにそういうものにならない。

もっとも必要にはいろいろな程度がある。そして、それが失われると現実に生命のエネルギーが減少するようなすべてのものは、何かの程度に必要なものだ。これは、生命現象の研究が物体の落下の研究と同じくらい進んだらえられるような、正確で厳密な意味の生命のエネルギーのことだ。極度に必要なものは、欠けると死ぬことになる。それはある存在のすべての生命のエネルギーが、他の存在に密着して結ばれている場合である。必要の程度のうすいものは、欠けていると多かれ少なかれ弱化を生ずる。たとえば食物がまったく欠けていれば死ぬことになり、部分的に欠けていれば、弱くなるだけだ。けれども、欠けると人間が弱くなるような食物の分量のすべてが、必要なものと見なされている。

情のきずなでは、一番よく必要をつくり出すのは、共感と習慣との組合わせである。欲ばりや中毒の場合のように、はじめには善を求めていたのが、時間がたつだけで欲求に変る。けれども欲ばりや中毒やすべてその他の悪徳とは違って、情のきずなにあっては、善を求めることと欲求とがうまく共存する場合がある。はなれる場合もある。ある人の他の人への執着が欲求だけでできているときには、恐ろしいものになる。世の中にこれほど醜く恐るべきものは少ない。人間が善を求めて、そこに必要だけを見いだす状況には、すべて必ず何かいまわしいものがある。愛する者が突然髑髏になってあらわれるという物語は、一番よくそのいまわしさをあらわしている。たしかに人間の魂はこの醜さから身を守って、ただ必要だけしかない偽りの善を想像でつくり出すために、嘘をたくわえておく倉庫を持っている。だからこの醜さは悪なのだ。醜さが嘘を強いるからだ。

まったく一般的に言えば、どんな形にしても必要がきびしく感じられて、それがそのショックを受ける人の嘘をつく能力を越えたきびしさである場合には、いつも必ず不幸がある。だから一番純粋な人々は、一番不幸にさらされている。魂の中に嘘をつく能力を大きくしようとする自動的な防禦の反応を、妨げることができる人にとっては、不幸はたとえつねに傷であり、ある意味では堕落であっても、悪ではないのだ。

ある人が何かの程度に必要を含んだ情のきずなによって、他の人に執着しているときには、自分の中にも、相手の中にも、自律性の保持を願うことは不可能だ。自然性の機械的な動きによって不可能なのだ。けれども超自然の奇蹟的な介入によってそれが可能になる。この奇蹟が友情である。

「友情は調和でできている同等性だ」とピュタゴラス派は言った。必要と自由という二つの対立したもの、神が世界と人間を創造するとき組み合わせた二つの対立したものの間に超自然的な統一があるから、調和がある。自分と相手とが自由な同意の機能を保持することを望むから、同等性がある。

だれかがある人に従属することを望んだり、それを受けいれたりするときには、友情のしるしはない。ラシーヌの書いたピラードはオレストの友ではない。不平等に友情はない。

ある相互性は友情には本質的なものだ。もし一方に何の好意もまったくなければ、他方は自分が傷つけたくない相手の自由な同意を尊重することによって、自分の中の情を取除くに違いない。もし一方に相手の自律性に対する尊敬がなければ、相手は自分への尊敬によって、きずなを断つに違いない。同じように、隷従を受けいれる人は、友情をえることができない。けれども情のきずなの必要が一方にしか存在しないことがある。この場合には、友情という言葉を完全に正確で厳密な意味につかうなら、友情は一方だけにしかない。

両方に自由な同意の機能を保持しようとする願いよりも、必要の方が一時でも勝つなら、たちまち友情は汚れる。すべて人間のものごとにおいては、必要は不純の原理なのだ。すべての友情は、もしそこに相手の気に入ろうという望みやその逆の望みが、たとえ痕跡でもとどめていれば、不純である。完全な友情には、この二つの望みがまったくない。二人の友は一つでなく二つであることを完全に受けいれる。彼らは二つの別の被造物であるという事実によるへだたりを尊重する。人間が直接一つになることを望む権利があるのは、神とだけである。

友情は自分にとって食物のように必要な人を、へだたったところから、近づかずに見るということを受けいれる奇蹟なのだ。これはイヴが持っていなかった魂の力だ。しかも彼女は木の実を必要としたのではない。もし彼女が木の実を見たとき飢えていたとすれば、そして、それにもかかわらず、一歩も木の実に近づかずに、いつまでも木の実を見ていたとすれば、彼女は完全な友情の奇蹟に似た奇蹟をなしとげたことになるだろう。

人間の自律性の尊敬という超自然的な徳によって、友情は不幸からひき起される純粋な同情と感謝によく似ている。どちらの場合にも、調和する対立者は必要と自由、あるいは従属と同等である。対立するものの二つの組み合わせが対応している。

気に入ろうとする望みと逆の望みが純粋な友情には欠けているという事実によって、純粋な友情には情感と同時に完全な無関心のような何かがある。純粋な友情は二つの人格の間のきずなだけれども、そこには何か非人格的なものがある。純粋な友情は公平な態度を傷つけるものではない。いたるところに日光と雨をくばる天の父の完全さをまねることを、何も妨げるものではない。反対に友情と天の父の完全さをまねることとは、少なくとも多くの場合に相互の条件になっている。というのは、すべての人間あるいはほとんどすべての人間は、ある程度の必要を含んだ情愛のきずなによって、他の人に結びついているから、その情愛を友情に変えなければ、完全性に近づくことができない。友情は何か普遍的なものだ。友情は、人類のおのおのを個々に愛しうることを望むようにして、ひとりの人を愛するところに成立する。幾何学者が一つの図形を見て、三角形の普遍的な性質を推論するように、愛することができる人は、普遍的な愛をひとりの人に向ける。自分にも相手にも自律性を保つことの同意は、本質的に普遍的なものだ。自分以外の人にも自律性を望むや否や、すべての人にそれを望むようになる。なぜなら、地上に中心がある円として世界の秩序を整えることを止めるからだ。その中心を天上へ移すようになるのだ。

もし愛しあう二人の友が情愛の不当なつかい方によって、一つになっていると思うなら、この友情はそういう力を持っていない。けれどもまたその場合には、本当の意味の友情はないのだ。そこには、いわば姦通のような結合がある。これは夫婦の間でも生じうるものだ。へだたりが保たれ、尊重されるところにだけ友情がある。

　愛する者と同じように考えることを楽しむという事実、あるいはとにかくそういう意見の一致を望むという事実だけでも、知的な誠実を傷つけると同時に友情の純粋性をも傷つけるものだ。これはよくあることだ。純粋な友情はまれである。

　人と人との間の情愛と必要とのきずなが、超自然的に友情に変らない場合には、その情愛は不純で低級であるばかりでなく、そこには憎悪や嫌悪もまじっている。これは『女の学校』や『フェードル』の中によくあらわれている。肉の愛以外の情愛でも、機械的な働きは同じようだ。それはわかりやすいことだ。わたくしたちは自分が依存している人を憎む。自分に依存している人を嫌う。ときには情愛に憎悪や嫌悪がまじるばかりでなく、完全にそう変ってしまうこともある。ときにはまたその変化がほとんどすぐに行われて、何の情愛もあらわれる暇がないこともある。それは必要がほとんどすぐにむき出しになる場合である。人と人とをつないでいる必要が情感的なものでなくて、ただ状況による場合には、敵意はしばしばはじめから起っている。

　キリストが弟子たちに向って、「たがいに愛しあえ」と言ったときには、執着をすすめたのではない。実際に彼らの間には共通の思考や共通の生活や習慣から生じたきずなが結ばれていたから、キリストはそれらのきずなが不純な執着や憎悪に変らないように、友情に変えることを命じたのだ。

　キリストは死のすぐ前にこの言葉を新しい掟として、隣人愛と神への愛の掟に加えたから、純粋な友情は隣人愛のように、何か秘蹟のようなものを含むと考えられる。「あなたがたが二人か三人わたくしの名で集まるときには、わたくしはその人たちの間にいるだろう」〔マタイ福音書一八・二〇〕と言ったときには、おそらくキリストはキリスト教の友情について、それを指摘したかったのだ。純粋な友情は、三位一体の友情であり、神の本質そのものであるはじめの完全な友情をかたどっている。二人が一つになりながら、二人をはなしているへだたりを気をつけて尊重するということは、もし神がおのおのの人に現存していなければ、不可能なことだ。平行線が出会う点は無限にさきにある。

はっきり意識されない神への愛とはっきり意識された神への愛

どんなに偏狭なカトリック信者でも、同情、感謝、世界の美への愛、宗教のつとめへの愛、友情などが教会の存在する時代と国々の専売品であるとは、あえて主張しないだろう。それらの愛の純粋なものはまれだが、そういう時代や国々に他の時代や国々よりも多かったと主張することもむずかしいだろう。そして、それらの愛がキリストの不在のところに生じうると信ずることは、キリストを侮辱するほどにキリストを小さく見ることだ。それは不敬虔であり、ほとんど冒瀆である。

それらの愛は超自然的なものだ。ある意味では、不条理だ。気違い沙汰だ。魂が神のペルソナと直接に接触しないかぎり、それらの愛は経験や推理にもとづくいかなる知識にもささえられない。確実さという言葉を躊躇の反対を示す比喩的な意味でつかわないかぎり、いかなる確実さにもささえられない。したがって、それらの愛はどんな信念もともなわない方が望ましい。その方が知的に誠実だし、愛の純粋さをよりよく保つのだ。その方がすべての点で適している。神のことについては、信念は適さない。確実さだけが適している。すべて確実さよりも下のものは神にふさわしくない。

準備の期間には、それらの間接の愛は魂の上昇運動となり、ある努力をもって上に向けられた視線となる。神自身が魂に臨んで、はじめには長い間ただ魂をおとずれるだけだったのに、いまは魂をつかまえて、神のそばに魂の中心をうつした後では、違ったものになる。雛が殻を破って、世界という卵の外に出たのだ。最初の愛は存続するが、前よりも密度の濃いものになり、違ったものになる。このような冒険にあった人は、不幸な人々や、自分の不幸を助ける人々、自分の友だち、宗教のつとめ、世界の美を、前よりももっと愛するようになる。そしてそれらの愛は神の愛そのもののように下降の動きになり、神の光とまじりあった光線になる。少なくともそう考えることができる。

それらの間接の愛は善に向けられた魂がこの世の人やものに対する態度にすぎない。それらの愛自体は善を対象としていない。この世に善はないのだ。だから本当を言えば愛ではない。これは温かい態度なのだ。

準備の期間には、魂はむなしく愛する。魂は何か現実のものが自分の愛に対応するかどうかを知らない。自分がそれを知っていると信じているかもしれないが、信ずるということは知ることではない。そういう信念はなんにもならない。魂はただ自分が飢えていることをたしかに知っているだけだ。大事なことは、魂が飢えの叫びをあげることだ。子供は多分パンがないことを聞かされても、叫びつづける。それでも叫ぶのだ。

危険なのは、パンがあるかないかを魂が疑うことではなく、偽って自分が飢えていないと思いこむことだ。偽りによってしかそう思いこむことはできない。魂が飢えているという現実は信念ではなくて、確実なことだからである。

わたくしたちはみなこの世には善はないこと、この世で善と見えるものはすべて有限で、制約されていて、尽きるものであって、一度尽きるとその必要性をむき出しにするものだということを知っている。多分すべての人間の生涯には、自分でこの世には善がないことをはっきりみとめた瞬間が、いくつかある。けれどもそういう真実を見るや否や、嘘でそれをおおう。多くの人々は悲しみの中に病的な楽しみを求めて、そういう真実を宣言することだけで満足する。こういう人々はこの真実を正面から見ることに、一秒もたえられない。しばらくの間この真実に向いあうと重大な危険にさらされることを感ずるのだ。それは本当のことだ。この知識は剣よりも危いものだ。この知識による死は、肉の死よりも恐ろしい。時がたつにつれて、この死はわたくしたちが自我と呼ぶすべてを殺してしまう。これにたえるためには、生命よりも真理を愛さなければならない。この知識にたえられる人々は、プラトンの言葉によれば、魂のすべてをあげて、過ぎ去るものから向きなおるのだ。

彼らが神の方を向くのではない。まったくの暗闇の中で、どうしてそれができるだろう。神自身が彼らに適当な方向をきざみこむのだ。けれども長い間神は彼らにあらわれない。彼らは動かず、目をそらさず、聞くことを止めず、何か知らないものを待っていて、誘われてもおびやかされてもつんぼになり、衝撃にもゆれない。もし長く待った後で、神がぼんやりと光を予感させるか、それとも神自身をあらわすかしても、それは一瞬間にすぎない。もう一度動けなくなり、注意して、待って、身動きしないで、ただ願望があまり強いときに呼びかけるだけにしていなくてはならない。

魂が神の実在を信ずるということは、神がその実在をしめさなければ、魂によって起ることではない。魂はほかのものに神という名札をつけることもある。これは偶像崇拝だ。神を信ずることが抽象的で、言葉だけの場合もある。宗教的なドグマを疑うということが心にさえ浮ばない国々では、またそういう時代には、そういうことがある。その場合の、信じない状態は十字架の聖ヨハネが夜と呼ぶものだ。信ずるということが言葉だけで、魂の中にしみこまないのだ。現在のような時代には、もし不信仰者が神を愛していて、ちょうど子供がどこかにパンがあることを知らないのに、ひもじいと泣いているようであるならば、その不信仰は十字架の聖ヨハネの闇夜に等しいものであるかもしれない。

人はパンを食べているとき、また食べたときにも、パンが実在することを知っている。それにもかかわらずパンの実在を疑うことはできる。哲学者たちは感覚的な世界の実在を疑う。けれどもそれは単に言葉だけの疑いであって、確信を傷つけず、正しく方向づけられた精神には、いっそう確信をはっきりさせるものだ。同じように、神が神の実在をしめした人も、この実在を疑うことに不都合はない。それは単に言葉だけの疑いであって、知性の健康に役立つ体操なのだ。反逆の罪であるのは、そういう啓示の前に、まして啓示の後ではいっそう罪であるが、神が愛するに値する唯一のものであるのを疑うことだ。それは視線をそらすことだ。愛は魂の視線である。愛とは一瞬間立ちどまること、待つこと、聞くことである。

エレクトラはオレステス〔ソフォクレスの作の劇中人物〕を探さない。彼を待っている。彼はもう存在しない、世界のどこにもオレステスはいないと信じたとき、彼女はそのために周囲のものに近づきはしない。むしろ嫌って遠ざかる。彼女は何か他のものの現存よりも、オレステスの不在を愛するのだ。オレステスは彼女を奴隷の身分やぼろの着物や奴隷の仕事、汚れ、飢え、無数の鞭や屈辱から救うはずだった。彼女はもうそれを希望しない。けれども、自分がぜいたくで尊敬される生活ができるような他の方法、強い者たちと和解する方法を用いようとは、一瞬間も考えない。オレステスがあたえてくれるのでなければ、豊かな暮しもよい身分もほしくはない。そういうことを考えようともしない。彼女が望むのは、オレステスが存在しないのだから、彼女も存在しなくなるということだけだ。

このときオレステスはもう我慢ができなくなる。名のらずにはいられない。自分がオレステスであるというたしかな証拠をしめす。エレクトラは彼を見て、彼の声を聞き、彼にさわる。彼女はもう自分の救い手が生きていることを疑わなくなる。エレクトラのような経験をした人、魂そのもので見て、聞いて、さわった人は、いわば反映のようだった間接の愛が神の中に実在することを知る。

神は純粋の美だ。これは理解できないものだ。美は本質的に感じられるものだから。感じられない美について語ることは、精神の中に厳密さを要求する人にはだれにも、言葉の乱用のように思われる。それはもっともなことだ。美はいつも奇蹟である。けれども魂が感じられない美の印象を受けとるときには、それが抽象的ではなくて、歌を聞いて受けるような現実の直接の印象であるならば、そこには第二段階の奇蹟がある。ちょうど奇蹟的な幸運によって、沈黙は音の不在ではなくて音よりも無限に現実のものであり、どんな美しい音よりも完全な調和があることが、感受性そのものに明らかになったのとまったく同じようになる。さらに沈黙にも段階がある。宇宙の美には沈黙があるが、それは神の沈黙にくらべていわば一つの騒音のようなものだ。

神はまた本当の隣人である。ペルソナ（人格、神格）という言葉は本当は神にしかあてはまらない。非人格的という言葉もそうだ。神は、少しばかりの生気のない血のしたたる肉にすぎないものになった不幸なわたくしたちに、身をかがめるものだ。しかし同時に、神はまたある意味では、すべての思考を欠いた生気のない体としてあらわれるあの不幸な人だ。だれも身分も名前も知らないあの不幸な人だ。生気のない体とは創造された宇宙のことだ。神に返すべき愛、もしわたくしたちがそれを持てるなら至高の完徳に達するようなその愛は、神がしめした感謝と同情の模範である。

神はまた友そのものである。神は神とわたくしたちとの間に、無限のへだたりを通じて何か同等性のようなものが生ずるように、被造物の中に、ある絶対的なものをおいた。それは、神がわたくしたちの中に神への方向をしるしたのに対して、わたくしたちが同意するかしないかという絶対の自由である。神はまた、宇宙と人間についてばかりでなく、その名の正しい用法を知らないかぎり、神までも想像の中で偽って支配する機能をはたらかせるほどに、わたくしたちの誤りと偽りの可能性をひろげた。神はわたくしたちが無限な幻覚の機能を愛によって放棄する力を持つように、そういう機能をあたえたのだ。

最後に、神との接触は本当の秘蹟である。

けれども神への愛によって純粋な地上の愛を失った人々は神の偽りの友であることを、わたくしたちはほとんど確信してよいのである。

魂と神とが直接に接触したからといって、隣人、友、宗教的な儀式、世界の美が現実でないものの列におちることはない。かえって、そのときはじめて、それらのものが現実になる。それ以前には半分夢だったのだ。それ以前には現実は何もなかったのだ。

「主の祈り」について

ペラン神父のまえがき

この文章のすべての価値を理解するためには、主の祈りの発見が、シモーヌ・ヴェーユにとってどんなことであったかを思い出さなければならない。これが彼女の最初の祈りであり、日々のキリストとの出会いであった。（手紙4参照）

けれどもいくつかの言葉は訂正されなくてはならない。シモーヌ・ヴェーユは神の超越性に強く打たれていた。神の近さと、神が神の子らの魂に注ぐ子としての喜びと信頼とを、彼女はまだ経験していなかった。私たちが神の子らであることを経験させる聖霊の証言を、彼女はまだ不完全にしか知らなかった。

わが主は弟子たちが、天の父は地上のすべての父よりも無限に父らしい父であることを知るように望まれる。「あなたがたは悪いものであっても、自分の子にはよいものをあたえることを知っている。天にいますあなたがたの父はどんなにそれ以上であろう」〔マタイ福音書七・一一〕。「あなたがたの髪の毛までも数えられる」〔マタイ福音書一〇・三〇〕。

「天にましますわれらの父よ」*

これはわたくしたちの父である。わたくしたちの中の現実のものには、この父から出ていないものはない。わたくしたちは彼のものだ。彼はわたくしたちを愛する。彼は彼自身を愛し、わたくしたちは彼のものだから。けれどもこれは天にまします父だ。ほかにいるのではない。わたくしたちがこの世に父を持っていると思うなら、その父は彼ではなくて、それは偽りの神だ。わたくしたちは一歩も彼の方へ進むことができない。垂直に歩くことはできないのだ。わたくしたちは目を彼の方に向けることしかできない。彼を探す必要はない。ただ目の方向を変えるだけでよい。彼がわたくしたちを探すのだ。彼がわたくしたちのとどくところより無限に外にあることを知って、喜ばなければならない。それによって、わたくしたちの中の悪は、たとえわたくしたちの全存在をひたし

* 以下にかかげられる主の祈りの句には、一々ギリシア語の原文がつけてあるが、ここには省略した。著者のとる仏訳も、ここに和訳したように、日本の教会でとなえているものとは少し違っている。

ても、決して神の純粋と至福と完全を汚しはしないことが確信できるのだ。

「願わくは御名の尊まれんことを」

神だけが神自身を名づける力を持っている。神の名は人間の口では発音できない。神の名は神の言葉だ。「みことば」である。あるものの名は人間の精神とそのものとの仲介であり、それによって、そのものが不在のときにも、人間の精神がそのものの何かをとらえられる唯一の道である。神は不在だ。天にあるのだ。神の名だけが人間にとって神に近づく唯一の可能性である。これが仲介である。この名もまた超越的であるけれども、人間はこの名に近づくことができるのだ。この名は世界の美と秩序の中に、また人間の魂の内なる光の中に輝く。この名は聖性そのものだ。この名の外に聖性はない。だから、この名は聖なるものとして尊まれる必要はない。わたくしたちはこの名が尊まれるのを求めることによって、実在にみちて永遠に存在するものを求めている。その実在の充満には、無限に小さなものをつけ加えたり、切りとったりすることさえ、わたくしたちにはできないのだ。存在するもの、すなわち現実に、誤りなく、永遠に、わたくしたちの願いとはまったく独立にあるものを求めることこそ、完全な願いである。わたくしたちはさまざまな望みをいだかずにはいられない。わたくしたちは望みなのだ。けれども、わたくしたちを想像と時間とエゴイズムにくぎづけにする望みを、すべてこの願いへ繰りいれるならば、わたくしたちはそういう望みをて、こにして、そのてこでわたくしたちを想像から現実へ、時間から永遠へ、そして自我の牢獄の外へ引きぬくことができる。

「御国の来らんことを」

今度は何か来るべきもの、いまはないもののことだ。神が支配する国とは、聖霊が人間の魂の全部を完全に満たしていることを意味する。聖霊は欲するところに息吹する。人は聖霊を呼ぶことだけしかできない。自分や、ある特定の人々や、またすべての人々にであっても、聖霊を呼ぶことを特別に考えてはならない。純粋に単純に呼ばなくてはならない。聖霊を考えることは呼びかけであり、叫びであるべきだ。ちょうど、渇きの極限にあって、渇きで体を害しているときには、自分が飲むという行為も、一般に飲むという行為も思い浮べないようなものだ。人はただ水だけを、それ自身としての水を思い浮べるが、この水のイメージはその人の存在全体の叫びのようである。

「御旨の行われんことを」

わたくしたちが神の意志を絶対に誤りなく確信するのは、過去についてだけだ。起ったできごとはすべて、どんなものでも、全能の父の意志にかなっている。これは全能という概念に含まれることだ。未来もまた、どうなるのであっても、一度実現すれば、神の意志に一致して実現するものだ。わたくしたちはこの一致に何も加えられないし、何もはずせない。こうして可能なものの方へ望みが跳躍したあとで、わたくしたちはもう一度この文句によって現実にあるものを求める。けれども、それはもう「みことば」の聖性のように永遠の実在ではない。ここでは、わたくしたちの願いの対象は時間の中に生ずるものだ。けれどもわたくしたちは時間の中に生ずるものと神の意志との誤りない永遠の一致を求める。最初の願いによって望みを時間から引き抜いて、永遠へあてはめ、それで望みを変形させてからは、わたくしたちはある意味でそれ自身が永遠のものになったこの望みをとりあげて、もう一度時間の中へあてはめる。そのときわたくしたちの望みは時間をつらぬいて、背後に永遠を見つけようとする。わたくしたちがどんなものでも、すべて起ったできごとから、自分の望む対象をつくることができるときには、そうなるのだ。これはあきらめとはまったく別のことだ。受けいれるという言葉でも、あまり弱すぎる。起ったことのすべてが起って、何もほかのことは起らなかったということを望まなければならない。起ったことがわたくしたちの目によいことと見えるからではない。神がそれを許したから、そしてできごとの流れが神に従順なのはそれ自身として絶対の善だからである。

「天に行わるるごとく地にも行われんことを」

わたくしたちの望みと神の全能の意志とのこのような結びつきは、霊的なものにもひろがるべきである。わたくしたちやわたくしたちの愛するものの霊的な上昇と衰弱は来世との関係だが、またこの世で時間の中に生ずるできごとでもある。そういうものとしては、それは無数のできごとの大海の中の微細な部分であり、神の意志に一致してこの海のすべてとともに揺れているのだ。わたくしたちの過去の霊的な衰弱はすでに起ったことなのだから、わたくしたちはそれが起ったということを望まなければならない。この望みが過去のものとなるときまで、この望みを未来へひろげなければならない。これは神の支配の到来の願いに必要な訂正である。永遠の生命を望むためには、すべての望みを棄てなければならないが、永遠の生命そのものを望むにも自己放棄がなければならない。執着をはなれることにも執着してはならない。救いに執着することは、他の執着よりもいっそう危険である。渇きで死にかけているとき水を思うように、永遠の生命を思わなければならない。同時に、自分と愛する者とのために、もし神の意志に反して多くの水をえるようなことが考えられるなら、それよりもむしろ永遠に水がえられないことを望まなければならない。

この祈りのはじめの三つの願いは三位一体の三つのペルソナ、子と聖霊と父に関係があり、また時間の三つの部分、現在と未来と過去に関係がある。あとの三つの願いは時間の三つの部分にもっと直接にかかわり、また現在、過去、未来という違った順序になっている。

「超自然なるわれらのパンを今日われらにあたえたまえ」

キリストはわれらのパンである。わたくしたちはそれをいまのために求めることしかできない。というのは、彼はいつもわたくしたちの魂の戸口にあって、はいろうとしているが、同意なしに押し入りはしないからだ。わたくしたちがキリストのはいることに同意すれば、はいって来る。わたくしたちがそれを欲しなくなるや否や、去ってしまう。わたくしたちは自分の明日の意志を今日拘束して、明日キリストがわたくしたちの意志に反してわたくしたちの中にあるように、キリストと約束することはできない。わたくしたちがキリストの現存に同意することは、キリストが現存することと同じである。同意は一つの行為であって、現在のものでしかありえない。未来にも適用できる意志は、わたくしたちにはあたえられていない。わたくしたちの意志の中で効果のないすべてのものは想像上のものだ。意志の効果ある部分には直接の効果があって、その効果は意志そのものと区別されない。意志の効果ある部分は未来に向う努力ではない。それは結婚の同意であり、承諾である。現在の瞬間のために、現在の瞬間に発音される承諾だが、永遠の言葉として発音される。それはキリストとわたくしたちの魂の永遠の部分との結合に同意することだからだ。

わたくしたちにはパンが必要である。わたくしたちはたえず外から自分のエネルギーを引き出しているものだ。わたくしたちはエネルギーを受けるにつれて、そのエネルギーを努力において消費しているからだ。もしエネルギーが日々に更新されなければ、わたくしたちは力がなくなり、動くことができなくなる。本来の文字通りの糧のほかに、各種の刺戟がエネルギーの源になる。金銭、昇進、尊敬、栄誉、名声、権力、愛する人々、すべてわたくしたちの中に活動の能力をつくるものは、いわばパンである。もしこれらの執着の一つが十分に深くわたくしたちの中に、肉の存在の生命の根柢までしみこむなら、それが欠けるということによって、わたくしたちは傷つき、死ぬこともあるだろう。それが悲しみのあまり死ぬと言われることだ。それはちょうど飢えて死ぬのと同じようだ。すべてこれらの執着の対象は、本来の食物とともに、この世のパンになっている。それがわたくしたちにあたえられるか、拒まれるかということは、まったくそのときの状況によることだ。状況については、その状況が神の意志に一致しているようにと願うよりほかには、何も願うべきではない。わたくしたちはこの世のパンを願うべきではない。

天に源があって、わたくしたちが望むや否やわたくしたちの中に流れこむ超越的なエネルギーがある。これは本当にエネルギーである。このエネルギーはわたくしたちの魂と身体を仲介にして行為をする。

わたくしたちはこの糧を願わなくてはならない。それを願った瞬間に、それを願うという事実そのものによって、神がそれをわたくしたちにあたえようとしていることが知られる。わたくしたちは一日でもこの糧なしで我慢してはならない。というのは、この世の必然に従う地上のエネルギーだけが、わたくしたちの行為を養っているときには、わたくしたちは悪を行い、悪を思うことしかできないからだ。「神は人の悪行が地上にふえて、人の心の思いから生ずるものは、つねに、ただ悪いものであるのを御覧になった」〈創世記六・五〉。わたくしたちが悪を行うようにしている必然は、上からのエネルギーがわたくしたちの中へはいって来るときのそのエネルギー以外はすべてわたくしたちの中のものを支配する。そのエネルギーを貯えておくことはできないのだ。

「われらが人にゆるしたるごとく、われらの負目をゆるしたまえ」

この言葉を言うときには、すでにすべての負い目をゆるしていなければならない。これはただわたくしたちが受けたと思う被害のつぐないのことだけではない。これはまたわたくしたちがしたと思う善に対する感謝のことであり、またごく一般的に、人やものから期待するすべてのもの、返されるべきだと思っているすべてのもの、それを受けないとふみ倒されたと感ずるようなもののことである。これは過去が未来のためにわたくしたちにあたえたと思われるすべての権利のことだ。まず、何か永続性のある権利である。何かを長い間使っていると、わたくしたちはそれが自分のもので、自分がもっと使っていられるようになるべきだと思う。つぎに、どんな性質の努力でも、それが骨折りであっても、苦痛であっても、欲望であっても、おのおのの努力に報いを受ける権利である。自分が努力して、この努力と同等なものが目に見える結果として自分の方へもどって来ない時には、いつでもわたくしたちは不釣合の感じ、むなしい感じがして、自分が盗みをされたように思うことになる。被害にたえる努力によって、わたくしたちは加害者の罰か謝罪を期待することになり、また善をなす努力によって、相手の感謝を期待することになる。けれども、これはわたくしたちの魂の普遍的な法則が特殊な場合にあらわれたものにすぎない。自分から何かが出て行くたびごとに、わたくしたちは少なくともそれと同等のものが自分にかえって来ることを、絶対に欲している。そして自分がそれを欲するから、それには権利があると信ずるのだ。わたくしたちの債務者はすべての人、すべてのもの、宇宙全体である。わたくしたちはすべてのものに対して債権を持っていると信じている。わたくしたちが持っていると信ずるすべての債権は、いつも未来に関する過去からの想像上の債権である。これこそ放棄すべきものなのだ。

わたくしたちの債務者をゆるしたということは、まとめてすべての過去を放棄したということだ。未来はまだ汚れなく、手を触れていないものであり、わたくしたちの知らないきずなで過去に固く結ばれているが、わたくしたちの想像によって結ばれたきずなからはまったく自由であるということをみとめることだ。何でも生ずる可能性、とくにわたくしたちに生ずる可能性、そして明日は自分の過去のすべての生活が実りないむなしいものになる可能性をみとめることだ。

過去のすべての実りを例外なく、いっぺんに放棄することによって、わたくしたちは神に自分の過去の罪が魂の中で悪と誤りとのみじめな実を結ばないように求めることができる。わたくしたちが過去にひっかかっているかぎり、神といえどもわたくしたちの中に恐ろしい実が結ばれるのを妨げられない。わたくしたちは自分の罪に執着しないで過去に執着することはできない。わたくしたちの中の一番本質的な悪はわたくしたちの知らないものだからだ。

わたくしたちが宇宙に対して持っていると思う主な債権は、わたくしたちの人格性の存続ということだ。この債権は他のすべての債権を含んでいる。自己保存の本能によって、人格性の存続は必要なことのように感じられ、必要は権利だと信じられる。ちょうど乞食がタレーランに向って、「わたしは生きなければなりません」と言ったのに対して、タレーランは「わたしはその必要をみとめない」と答えたようなものだ。わたくしたちの人格性はまったく外の状況に依存し、外の状況には人格性をおしつぶす無際限な力がある。けれどもわたくしたちはそれをみとめるくらいなら、死んだ方がましだと思うだろう。世界の釣合いというものは、自分の人格性が傷つけられずに、自分のものと思われるように、状況が流れて行くことだ。わたくしたちの人格性を傷つけた過去の状況は、すべてわたくしたちには釣合いが失われたものと思われ、それは間違いなくいつか反対の方向の現象によってつぐなわれるはずのものと思われる。わたくしたちはそういうつぐないを待って生きている。差し迫った死が恐ろしいのは、とくに、そういうつぐないが行われないことを知らされるからだ。

負い目をゆるすことは、自分の人格性の放棄である。自分がわたくしと呼ぶすべてのものを放棄することだ。何も例外はない。自分がわたくしと呼ぶものの中には、外の状況によって消滅しえないものは何もなく、そういう心理的要素はないということを知ることだ。それを受容することだ。そうなっているのを喜ぶことだ。

「御旨の行われんことを」という言葉は、心をつくして言うならば、そういう受容を含んでいる。だからこそ少し後で「われらが人にゆるしたるごとく」と言えるのだ。

負い目をゆるすことは霊的な貧しさであり、霊的なはだかであり、死である。もし完全に死を受けいれるなら、わたくしたちは自分の中の悪からはなれて復活することを、神に求めることができる。というのは、神に負い目をゆるすように求めるのは、わたくしたちの中の悪を消し去るように求めることだからだ。ゆるしとは浄化である。わたくしたちの中にありつづける悪は、神といえどもこれをゆるす力がない。神はわたくしたちを完全な状態にしたときに、わたくしたちの負い目をゆるしたのだ。

それまでは、神はわたくしたちの負い目を部分的にゆるし、わたくしたちが自分に負い目ある人々をゆるす程度に応じて、わたくしたちをゆるすのだ。

「われらを試みにひきたまわざれ、われらを悪より守りたまえ」

人間にとって唯一の試練は、自分が悪と接触するままにまかされることだ。そのとき人間の虚無が経験的に立証される。魂は超自然的なパンを求めた瞬間にそれを受けたけれども、それを現在のためにしか求められなかったから、その喜びには恐れがまじっている。未来はやはり恐るべきものだ。魂は明日のためにパンを求める権利はないが、その恐れを嘆願の形で表現する。そこで終りになる。「父」という言葉で祈りがはじまり、「悪」という言葉で終っている〔ギリシア語やフランス語ではそうなっている〕。信頼から恐れへ進まなければならないのだ。恐れが堕落の原因にならないように、信頼だけが十分な力をあたえる。神の名と国と御旨とを考えた後で、また超自然のパンを受けて、悪から浄化された後で、魂はすべての徳を完成する本当の謙遜のために準備されている。謙遜とは、この世では魂のすべてが、自我と呼ばれるもののすべてだけではなく、魂の超自然的な部分すなわち魂の中に現存する神もまた時間と変化に従属するということを知るところにある。すべてそれ自身として自然的なものが破壊される可能性を、絶対にみとめなければならない。けれども、魂の超自然的な部分が消滅する可能性も、同時にみとめて、押しのけなければならない。それを、神の意志に従ってしか起らないできごととしてみとめることだ。それを、何かいまわしいこととして、押しのけることだ。それを恐れなければならない。けれどもその恐れはいわば信頼の仕上げとなるものでなければならない。

六つの願いは二つずつ対応している。超自然のパンは神の名と同じことだ。人間と神とを接触させるものだ。神の国はわたくしたちを悪から守る神の保護と同じことだ。保護することは王の機能だ。わたくしたちに負い目あるものにその負い目をゆるすことは、神の意志をすべて受け容れることと同じことだ。違っているのは、前の三つの願いでは注意が神の方だけに向いていることだ。後の三つの願いでは、注意を自分にもどして、これらの願いを想像上の行為でなく、現実の行為にすることを自分に強いている。

この祈りの前半は受容からはじまる。つぎに自分があえて望む。つぎに、受容にもどることによって、その望みをただす。後半では順序が変っている。望みの表現で終る。それは望みが消極的なものになったからだ。望みは恐れとして表現される。したがって、それは最高度の謙遜に対応し、これは結末にふさわしいものだ。

この祈りはすべての可能な願いを含んでいる。ここにすでに含まれていない祈りは、考えられない。この祈りの他の祈りとの関係はキリストと人類との関係のようだ。一つ一つの言葉に十分に注意して、一度この祈りをとなえるなら、魂の中におそらくごく小さいけれど現実の変化がはたらかないことはありえない。

ノアの三人の息子と地中海文明史

ペラン神父のまえがき

私は序文〔本書二三五頁以下〕の中で、この文章が重要であることを述べた。これはシモーヌ・ヴェーユの極端な博識と神秘的な経験とを同時に示しているが、また彼女が歴史的な方法を欠いていることも示している。

彼女が大きな重要性をみとめているこの思想は、彼女のマルセイユ滞在の終り頃に思い浮んだものと思われる。

彼女の立場は十分に独創的である。彼女はキリストもキリスト教も疑うことができない。彼女は、何ものも除外したくない。これは暗にそう考えるばかりでなく、はっきりそう言っている。彼女はすべての宗教がキリストのものであり、従ってよいものであることを想像するのである。

この逆説は一部の真理を含んでいる。いかにキリストがすべての中心であるか、いかに彼がすべてに呼びかけるかを理解するように、歴史家をうながすことができよう。

ノアとその息子たちの伝説〔創世記六・一〇〕は地中海文明の歴史にあざやかな光を投ずる。ヘブライ人たちが憎悪によってつけ加えたものは、そこから取除かなくてはならない。彼らの解釈が伝説自体と縁のないものであることは、はっきり目に見えることだ。彼らはハムに罪を着せて、その息子の一人カナアンに呪いがかかるようにするのだ。ヘブライ人たちはカナアンの土地の多数の町と民を、ヨシュアが指導者だったときに、完全に滅亡させたことを誇りにしていた。犬をおぼれさせたい人は、その犬の乱暴を非難する。犬をおぼれさせた人はなおさらそうだ。犠牲者に不利な証言を殺害者から聞きいれてはならない。

ヤペテは遊牧民の先祖で、それらの民の中には、今日のインド・ヨーロッパ民族が含まれることがみとめられている。セムはセム人、ヘブライ人、アラビア人、アッシリア人その他の先祖である。今日それらの民の中にフェニキア人があったとされているが、それは十分な根拠にならない言語学的な理由によるものだ。またある人々は、すべてをたえなければならない死者たちには気がねしないで、過去を自分の現在の目標に合わせ、フェニキア人とヘブライ人は同じものだとしている。けれども聖書の文章はこの二つの民の間の親近関係をちっとも暗示してはいない。『創世記』にはフエニキア人がハムから出たと記されている。今日クレタ人と見られ、したがってペラスギ人と見られているペリシテ人についても、同じようだ。セム人の侵入以前のメソポタミアの住民、すなわち後にバビロニア人が文明を受けついだシュメル人についても、ヒッタイト人についても、エジプト人についても同じようだ。歴史時代の直前のすべての地中海文明はハムから出ている。このリストは文明を進めたすべての民族のリストである。

聖書にはこう言われている。「永遠の神は人の心の思いから生れるものが、みないつも悪いのを見て……苦しんだ」〔創世記六・五〕と。けれどもノアがいた。「ノアは同じ時代の人々の中で非難できない正しい人だった。彼は神に従ってふるまった」〔創世記六・九〕。彼以前には、人類の初め以来ただアベルとエノクが正しいだけだった。

ノアは人類を破滅から救った。ギリシアの伝説ではプロメテウスがこの恩恵をあたえたことになっている。ギリシア神話でノアにあたるデウカリオンはプロメテウスの子である。ギリシア語ではデウカリオンの箱舟をさす言葉が、またプルタルコスの中でオシリスの体をいれた棺をさしている。キリスト教の典礼はノアの箱舟と十字架を近づけている。

ノアはおそらくはじめて、ディオニュソスのように、ぶどうの木を植えた。「彼はそのぶどう酒を飲んで酔い、自分の幕屋の真中ではだかになった」〔創世記九・二〇―二一〕。ぶどう酒もまたパンとともに、正義と平和の王、至高の神の司祭メルキセデクの手にあった。アブラハムはこの人に従って、税を払い、祝福を受けた。この人については詩篇の中に言われている。「永遠の神がわたしの主に言われた、わたしの右に坐せ……おまえはメルキセデクの命によって永遠に司祭である」〔詩篇一一〇・一〕と。

この人について聖パウロはこう書いている。「平和の王、父がなく、母がなく、系譜がなく、彼の日々にはじまりがなく、彼の生活に終りがなく、神の子と同一になり、中断なく司祭をつづけた」〔ヘブライ人への手紙七・二―三〕と。

神に仕えるときイスラエルの司祭には、逆にぶどう酒が禁じられていた。けれどもキリストは公生活のはじめから終りまで、人々とともにぶどう酒を飲んだ。彼はギリシア人の目にはディオニュソスの象徴的な住居と見えるぶどうの株に、自分をたとえていた。キリストの最初の業は水をぶどう酒に変えることだった。最後の業はぶどう酒を神の血に変えることだった。

ノアはぶどう酒に酔って、幕屋の中にはだかでいた。罪をおかす前のアダムとイヴのようにはだかだった。不従順の罪によって、彼らは自分の体を恥じるようになったが、それ以上に自分の魂を恥じるようになったのだ。彼らの罪にあずかっているわたくしたちはみな彼らの恥にもあずかっていて、いつも自分の魂のまわりに肉の思いや社会的な考えの衣服をまとうことに大変な気をつかっている。もしわたくしたちが一瞬間でもこの衣服を脱いだなら、恥ずかしくて死ぬに違いない。けれどもプラトンの言うことに従うなら、いつかその衣服を失わなければならないだろう。なぜならプラトンによれば、すべての人は裁かれ、死んだはだかの裁判官が魂そのもので、彼らの魂を凝視することになる。彼らの魂もすべて死んではだかなのだ。ただ何人かの完全な人たちがこの世で生きながら、死んではだかになっている。たとえば、いつも十字架のキリストのはだかと貧しさに思いを注いでいたアッシジの聖フランチェスコや、精神がはだかになること以外には、この世で何も望まなかった十字架のヨハネである。しかし彼らがはだかでいることにたえられたとすれば、それはぶどう酒に酔っていたからだ。毎日祭壇の上を流れるぶどう酒に酔っていたのだ。このぶどう酒だけがアダムとイヴをとらえた恥を癒すものだ。

「ハムは父のはだかを見て、外へ行き、二人の兄弟にそれを告げた」。しかし彼らはそれを見たくなかった。彼らは被いを持ち、後ずさりに進んで、父を被った。

エジプトとフェニキアはハムの娘だ。ヘロドトスは多くの伝説や証言を根拠にして、エジプトに宗教の起源があり、フェニキア人の中にそれを伝達した人々があると考えた。ギリシア人はすべての宗教思想をペラスギ人から受け、ペラスギ人はほとんどすべてを、フェニキア人の仲介によって、エジプトから受けた。『エゼキエル書』のすばらしい文章もまたヘロドトスの説をたしかめている。というのは、ツロがエデンの園で生命の木を守るケルビムにたとえられ、エジプトが生命の木そのものにたとえられているからだ——この生命の木はキリストが天の国と同一視したもの、十字架にかかったキリストの体を果実とするものだ。

「ツロの王の悲歌をうたえ。おまえは彼に言うだろう……おまえは完全なもののしるしだった……おまえはエデン、神の園にいた……おまえは守護に立つケルビムだった……火の石の中をおまえはかけめぐった。おまえが造られた日からおまえの中に邪悪が生ずるまで、おまえの行為はとがめられないものだった……」

「パロに言え……おまえは何にくらべられよう……彼は枝の美しい杉の木だった……そのいただきは雲をつらぬいていた。もろもろの水が彼を育てた。その枝には、すべての鳥が巣をかけ、その小枝の下には、すべての野の獣が休んでいた。その影にはすべての大きな民がとどまっていた。彼はその大きさにおいて、その根の長さによって美しかった。その根は大きな流れにひたっていたからだ……神の園のいかなる木も彼と美をきそうものはなかった……神の園なるエデンのすべての木々は彼をねたんでいた……わたしは彼を棄てた。彼らは彼を切った。よそものたち、もろもろの民の中で一番乱暴な民、彼らは彼を投げ棄てた……その上にすべての空の鳥が住んだ……わたしは喪に服させた。彼のためにわたしは深い泉をおおった……わたしは彼のためにレバノンを暗くした」〔エゼキエル書二八・一二―一五、三一・二―九、一一―一三、一五〕。

もしもろもろの大きな民がまだこの木の影にありさえしたら。エジプト以来人々に対する超自然的な正義と憐れみが、これほど心を裂くような甘美な表現をとったものはない。四千年前の碑銘によると、神の口からつぎのような言葉が出ている。「わたしはすべての人が兄弟と同じように呼吸できるように、四つの風を造った。貧しい人がその主人と同じく利用できるように、海の水を造った。わたしはすべての人をその兄弟と似たように造った。そしてわたしは彼らが不正をなすことを禁じたが、彼らの心はわたしの言葉が定めたことを破った」。すべての人は富めるものも貧しきものも、オシリスに向って「真理の主よ、わたしはあなたに真理をもたらします。わたしはあなたのために悪を破壊しました」と言うことができれば、死によって永遠の神に、義とされたオシリスになるのだった。そのためには、こう言えなければならなかった。「わたしは名誉のために自分の名を推し進めたことがありません。わたしのために人に余分な時間の仕事を要求したことがありません。主人に奴隷を罰するようにさせたことがありません。だれも死なせたことがありません。だれも飢えさせたことがありません。だれも恐れさせたことがありません。だれも泣かせたことがありません。大声を立てたことがありません。正しい真実の言葉に対してつんぼになったことがありません」と。

人々に対する超自然的な同情は、神の同情に参与することでしかありえない。それは「受難」である。ヘロドトスが見た聖所では、水の満ちた、まるい石の池の近くで、毎年、祭が行われた。その祭は秘義と呼ばれ、神の受難の光景をあらわしていた。人間は犠牲にささげられた小羊においてしか神を見られないということを、エジプト人は知っていた。ヘロドトスの言うことを信ずるとすれば、およそ二万年ほど前に、一人の聖なる人、おそらく神の人があって、ヘラクレスと呼ばれ、これはおそらくハムの孫であるニムロデと同じ人である。彼は神に顔と顔を合わせて会い、願いをしたいと思った。神はそれを欲しなかったが、祈りに抗しえないので、牡羊を殺して皮をはぎ、その頭で顔をおおい、その毛を身につけて、あらわれた。これを記念して、テーベでは毎年一回だけ牡羊を殺し、その皮をゼウスの像に着せて、その間人々は喪に服した。それからその羊は神聖な墓地に葬られるのだった。

創造主なる強力な神とは別であると同時に同一である神の第二のペルソナは、知恵であると同時に愛であり、全宇宙に秩序をあたえ、人々を教え、御自身の中で托身によって人性を神性に結合し、仲介者であり、苦しみを受けて、魂のあがない主である。この第二のペルソナへの認識と愛こそ、ハムの娘なる民のすばらしい木の影に、もろもろの民が見いだしたものだ。ハムが酔ってはだかでいるノアを見たとき、ノアを酔わせていたのはぶどう酒だったとすれば、彼がアダムの子らにつたわる恥ずかしさを感じなかったことは当然だろう。

ノアがはだかでいるのを見ることを拒んだヤペテの子であるヘレネ人は、無知のままでギリシアの神聖な土地に移り住んだ。これはヘロドトスによって、また多くの他の証言によって明らかなことだ。しかし彼らの中で最初に到着したアカイア人はあたえられた教えをむさぼるように飲みこんだ。

至高の神とは別であると同時に同一なものである神が、彼らにあってはたくさんの名でかくされているが、わたくしたちが偏見でめくらになっていなければ、それらの名はわたくしたちの目に神を被いかくすものではないだろう。というのは、たくさんの関係やほのめかしやしるしによって、それらのすべての名がたがいに同等であること、またオシリスの名と同等であることが、たびたび大変はっきりと示されているからだ。それらの名をいくつかあげれば、ディオニュソス、プロメテウス、愛の神、天のアフロディテ、ハイデス、コレー、ペルセフォネ、ミノス、ヘルメス、アポロン、アルテミス、世界の魂などである。ほかにすばらしい運命をになった名前はロゴスであって、すなわち言葉、あるいはむしろ関係、仲介を意味する。

ギリシア人はさらに三位一体の第三のペルソナについて、すなわち他の二つのペルソナの関係であるペルソナについての知識を持っていたが、これもまた疑いなくエジプトから受けいれたものだ。彼らの知識にほかの源泉はなかったからだ。この知識はプラトンの著書のいたるところにあらわれ、ヘラクレイトスにもすでにあらわれている。ヘラクレイトスに示唆されたストア学派のクレアントスのゼウス讃歌はわたくしたちの目に見えるように三位一体を描いている。

「……これはあなたの無敵の手にある従者の徳だ。

両刃のもの、火のもの、生きた永遠のもの、雷……

それによってあなたは普遍のロゴスを、すべてのものを通じて、まっすぐにみちびく……

彼は偉大なものとして生れ、宇宙の至高の王だ。」

また、すべてイシスと同等ないくつかの名においても、ギリシア人はある女性、母で乙女で汚れないままで神と同一ではないが神聖なもの、人と物の母、仲介者の母を知っていた。『ティマイオス』の中でプラトンはそれをはっきりと、しかしいわば低い声で、やさしさと恐れをこめて語っている。


ヤペテやセムから出た他の民族は、ハムの子らが示した教えをおくれて、しかし熱心に受けいれた。ケルト人の場合がそれだ。彼らは彼らがガリアに着くよりもたしかに古いドルイドの教えに従った。彼らがガリアに着いたのはおそかったし、ギリシアの伝説ではガリアのドルイドがギリシア哲学の起源の一つであるようになっている。だからドルイド教はイベリア人の宗教だったものと思われる。この教えについて少しだけ知られているところによると、これはピュタゴラスの教えに近いものだ。バビロニア人はメソポタミアの文明を吸収した。粗野なアッシリア人は疑いなくほとんどつんぼのままだった。ローマ人はキリスト教の洗礼によって多かれ少なかれ人間らしくなったときまで、すべて霊的なことには完全につんぼでめくらだった。またゲルマンの土民もキリスト教の洗礼を受けるまでは超自然の概念を受けいれなかったように思われる。けれどもゴート人は確実に例外である。これは義人の民であり、ゲルマン民族であるとともに疑いなくトラキアの民であって、不死と彼岸に熱狂的にとらえられた遊牧民ゲタエ人に近いものだった。

超自然の啓示をイスラエルは拒否した。イスラエルには、秘かに魂に語りかける神は必要がなく、国家の集団に現存して戦いのときに守護する神が必要だったからだ。イスラエルは権力と繁栄を欲した。ヘブライ人たちはエジプトと繋く長く接触したにかかわらず、オシリスや不死や救いを受けつけず、魂が愛によって神と同一化する信仰を受けつけなかった。この拒否によってキリストの死刑が可能になった。この拒否はキリストの死後にも、終りのない四散と苦しみの中につづけられた。

けれどもイスラエルは、ときには微光を受けいれて、そのためにキリスト教がエルサレムから発生することができたのだった。ヨブはメソポタミア人で、ユダヤ人ではなかったが、彼のすばらしい言葉は聖書に記されている。彼は、ヘシオドスがプロメテウスの機能としたような神と人とを仲裁する至高の機能を有する仲介者を呼び求めている。ダニエルはヘブライ人の中で、その経歴が何か恐ろしい特徴で汚れていない最初の人だが、ダニエルは幽閉時代にカルデア人の知恵を知り、メディアやペルシアの王たちの友になった。ヘロドトスが言うには、ペルシア人は神の人間的な表象をすべて遠ざけたが、ゼウスと並んで天のアフロディテをミトラの名であがめた。聖書の中に「知恵」の名で出て来るのは、おそらくそれである。幽閉時代にも、苦しむ義人という観念は、ギリシアかエジプトかどこからか来て、イスラエルの中にしみこんだ。その後ヘレニズムが一時パレスチナに流れこんだ。そういうすべてのことのために、キリストは弟子たちを持つことができたのだ。しかしキリストはどんなに長く、辛抱強く、用心深く弟子たちを育てなければならなかったことだろう。エチオピアは『イーリアス』の中に神々の選ぶ地としてあらわれ、ヘロドトスによればそこではゼウスとディオニュソスだけをあがめ、また同じヘロドトスによれば、ギリシア神話で幼児ディオニュソスがかくれて保護された地方なのだが、エチオピアの女王の宦官には何の準備もいらなかった。この人はキリストの生と死の話を聞くや否や洗礼を受けたのだった。

ローマ帝国はそのときまったくの偶像崇拝をしていた。偶像は国家だった。皇帝をあがめていたのだ。宗教生活のすべての形態が偶像崇拝に従属しなければならず、偶像崇拝以上に高まることはできなかった。ガリアのドルイド僧はみな必ず虐殺された。ディオニュソスを熱心にあがめる人々は遊蕩なものとしてとがめられ、殺されたり、投獄されたりした。公衆にたくさんの遊蕩が公然と許容されていたのだから、これは本当らしくない処罰の理由である。ピュタゴラス派やストア派や哲学者たちは追われた。残ったのは本当に低級な偶像崇拝者だったので、イスラエルから初代キリスト教徒につたわった偏見がたまたま立証されることになった。ギリシアの秘義はずっと前から堕落していて、東方から輸入された秘義には、今日の神智学者の信念と同じくらいの真実があるにすぎなかった。

こうして異教という曲げられた概念が流布することになった。もしよい時代のヘブライ人たちが現代のわたくしたちの間に生きかえったとしたら、彼らはまず偶像崇拝の罪のためにわたくしたちをみな、ゆりかごの中の子供もいっしょに虐殺し、町をこわすことを考えるかどうか、わたくしたちにはわからないことだ。彼らはキリストをバアルと呼び、聖母をアスタルテと呼ぶことだろう〔旧約聖書に出て来る邪教の偶像の名〕。

キリスト教の実体そのものの中にしみこんだ彼らの偏見はヨーロッパを根こぎにし、何千年の過去から切りはなし、宗教生活と世俗生活との間に越えられない完全防水壁をつくった。世俗生活は完全に、いわゆる異教時代から受けついだものである。こうして根こぎにされたヨーロッパは、やがてキリスト教の伝統そのものから大きくはなれることによって、ますます根こぎにされ、古代との霊的なつながりを結びなおすこともできなかった。さらにもう少し後になると、ヨーロッパは地球の他のすべての大陸にはいりこみ、武器や金や技術や宗教の宣伝によって、今度はヨーロッパがそれらの大陸を根こぎにした。いまでは地球全体が根こぎにされて、過去を失っているということが、おそらく肯定されるだろう。それは生れて来るキリスト教が、キリストの殺害にいたった伝統から、はなれられなかったからだ。けれども、キリストが燃える怒りを投げつけたのは、偶像崇拝に対してではなくて、ユダヤの宗教的国家的な復興のために熱心に活動したパリサイ人であり、彼らはギリシア精神の敵だった。「あなたがたは知識の鍵を奪った」（ルカ福音書一一・五二）。人はこの非難の及ぶ範囲を理解しているのだろうか。

キリスト教はローマの支配下のユダヤに生れて、ノアの三人の息子の精神を同時に含んでいた。だからキリスト教徒の間で、ハムの精神を持つ人とヤペテの精神を持つ人との争いがあった。アルビジョワ派の争いはその例である。トゥールーズにエジプト様式のロマネスクの彫刻があることは、無意味ではない。しかし自分たちが酔うことと、はだかになることを拒んだ息子たちの精神がキリスト者の中にもありうるとすれば、キリスト教をしりぞけて、公然とセムやヤペテの後をつぐ人々の中には、そういう精神がもっとどんなに多いことだろう。

ノアやメルキセデクのぶどう酒に、すなわちキリストの血に大きいか小さいか、直接か間接か、意識的か無意識的かの関係、ただし本当の関係を持っている人々はみなエジプトやツロの兄弟であり、ハムの養子である。しかし今日ではヤペテの子らやセムの子らの方がずっと大きな騒ぎをしている。一方は権力を持ち、他方は迫害を受け、恐ろしい憎悪に切りはなされながら、兄弟であり、よく似ている。彼らははだかを拒むこと、着物をほしがることでよく似ている。その着物は肉で、またとくに集団の熱でできていて、各人の中の病を光から守るものだ。この着物を着ると神は無害になり、神を否定することも肯定することも、神を偽りの名で呼ぶことも本当の名で呼ぶことも、同じようにできる。神の名の超自然の力によって魂が変形することを恐れずに、神の名を呼ぶことができるようになるのだ。

多くの物語と同じように、一番下の弟がすばらしい冒険をするこの三人兄弟の歴史は、地中海沿岸から遠いところにもひろがっているだろうか。それを推定することはむずかしい。ただインドの伝説は、霊感の中心にギリシア思想と異常な類似があるけれども、インド・ヨーロッパ民族から出た伝説とは思われない。そうでなければ、ヘレネ人はギリシアに着いたときそういう伝説を持っていたはずで、すべてを学ぶ必要はなかったことになろう。それから、ノンノス〔五世紀のエジプトの詩人〕によれば、ディオニュソスの伝説に二回インドのことが出て来る。ザグレウスがヒュダスペというインドの河のほとりで育てられ、ディオニュソスがインドへ探険に行ったという。ついでに言えば、彼はその旅行で不信心な王に出会い、この王はカルメル山の南で、武器を持たない彼に兵をさしむけ、彼は余儀なく紅海にかくれた。『イーリアス』にもこのできごとが出て来るけれども場所は記されていない。イスラエルのことだろうか。それはどうであっても、ディオニュソスとヴィシュヌに関係があることは明らかで、ディオニュソスはバッカスとも呼ばれる。それ以上インドについて言うことはできない。多分アジアの他の地方についても、大洋洲についても、アメリカについても、黒人の住むアフリカについても言うことはできない。

しかし地中海については、三人兄弟の伝説は歴史の鍵である。ハムは実際に呪いを受けたが、それは過度の美と純粋さによって不幸に運命づけられたすべての人に共通のことだ。時代がたつにつれて、相ついで多くの侵入があった。いつも侵入者はわざと目をふさいだ子らから出たものだった。侵入した民族がこの土地の精神、すなわちハムの精神に従って、そこから霊感をえるようになるたびごとに、文明が起った。侵入した民族が高慢な無知の方を選ぶたびごとに、蛮風が生じて、死よりも悪い暗黒が幾世紀もつづいた。

それらの浪に洗われる岸辺に、やがてまたハムの精神が花を開かんことを。

補遺

ノアが啓示を受けたということには、もう一つの証明がある。それは聖書の中に、神がノアにおいて人類と契約を結んだと言われていることだ。虹がその契約のしるしである〔創世記九・一二―一七〕。神が人間と結ぶ契約は啓示にほかならない。

この啓示は犠牲の概念と関係がある。ノアの犠牲の香をかぐことによってこそ、神はもう決して人類を滅ぼす考えをいだかないことを決心したのだ〔創世記八・二一〕。この犠牲はあがないだった。キリストの犠牲が予感されていると信ずることもできるほどである。

キリスト者は、毎日キリストの受難をくりかえすミサを犠牲と呼んでいる。キリストの時代よりも古いバガヴァッド・ギーターもまた人となった神にこう言わせている。「犠牲とはこの体の中に現存するわたし自身である」と。だから犠牲の観念と托身の観念とのつながりはおそらく大変古いものだ。

トロイア戦争はハムに対する二人の兄弟の憎悪の一番悲劇的な例の一つだ。これはハムに対するヤペテの陰謀だった。トロイア人の方にはハムから出た民族だけしかいなかった。反対側には全然いなかった。

例外のように見えるものがかえってそれをたしかめている。それはクレタ人である。クレータはハムから出た文明の珠玉の一つだった。『イーリアス』ではクレタ人はアカイア人の側にいる。

しかしヘロドトスはそれが偽りのクレタ人だったことを教える。それは、ほとんど荒野になったその島に、少し前から住んでいたギリシア人だった。けれどもミノスは彼らがこの戦争に加わったことを怒って、戦いから帰った彼らに疫病をあたえた。紀元前五世紀にデルフォイの巫女ピュティアはクレタ人がペルシア戦争でギリシア軍に加わることを禁じた。

このトロイア戦争はまさに一つの文明全体を破壊する企てだった。その企ては成功した。

ホメーロスはいつもトロイアを「聖なるイリオン」と呼んでいる。この戦争はギリシア人の原罪であり、彼らの悔恨であった。この悔恨によって、虐殺者たちはその犠牲者の霊感を部分的に受けつぐに値するものになった。

しかしまた、ドリア人を除けば、ギリシア人がヘレネ人とペラスギ人との混合だったことも本当である。その混合でヘレネ人は侵入した要素だったが、実際にはペラスギ人が支配していた。ペラスギ人はハムから出ている。ヘレネ人は彼らからすべてを学んだ。とくにアテナイ人はほとんど純粋なペラスギ人だった。

学者たちが対立している二つの仮説の一つをとって、ヘブライ人が紀元前十三世紀にエジプトを出たことをみとめるとすると、それはヘロドトスが言うトロイア戦争の時代に近いことになる。そうすると単純な想定が思い浮ぶ。神の霊感を受けたにしても、受けないにしても、モーゼがヘブライ人は十分に荒野をさまよったからパレスチナにはいってよいと判断した時は、トロイア戦争のためにその国に兵士がいなかった時だったということだ。トロイア人はかなり遠い国民も助けに呼んだのだった。ヨシュアにみちびかれたヘブライ人は難なく、多くの奇蹟を必要としないで、防衛者のいない民を殺すことができた。けれどもある日、トロイアに行っていた兵士たちが帰って来た。征服は停止した。『士師記』のはじめでさえも、ヘブライ人は『ヨシュア記』の終りよりもずっと後退している。そして彼らがヨシュアにみちびかれて完全に滅ぼしたと言った民と、争っているのだ。

こうして、トロイア戦争は聖書の中に何の痕跡ものこさず、ヘブライ人によるパレスチナ征服はギリシアの伝説に何の痕跡ものこさないことがわかる。

けれどもヘロドトスがイスラエルについてまったく沈黙していることは謎である。この民族がこの時代に冒瀆者として、何か言及してはならないものとして、見られていたのでなければならない。武器を持たないディオニュソスに、武器をもっておそいかかった王リュクルゴスという名で示されたのが、この民族であるとすれば、それは考えられることだ。しかし幽閉から帰って神殿を再建した後には、たしかに変化があった。

序文

J・M・ペラン

何度でも引用されるパスカルの言葉がある。「イエズスは世の終りまで苦悩の中にあるだろう。そのあいだ眠ってはならない」と。同じ意味でこうも言える。「キリストは世の終りまで審判にあっている。その法廷は歴史のように巨大なものであり、また同時に一人一人の個人のものであって、誰もがこの法廷にはいるのだ。誰もがキリストをとがめて断罪するか、それとも愛にみちた信仰でキリストに従うかである。〈いまこそ世の審判なのだ……〉」。

ところでシモーヌ・ヴェーユはこの神秘的な法廷で自分の言うべきことがあるということ、そこに自分の使命があり、自分の生涯の意味があるということを強く意識していた。読者は、というよりも日に日に数を増している彼女の友は、彼女の証言にたより、彼女には単なる観念以上のもの、すなわち真理にゆだねられた魂があるのを感じている。

私は彼女の秘めたものをゆだねられている。そしてシモーヌ・ヴェーユは彼女の使命を助けるように私にたえずたのんでいた。別れの手紙の中では、彼女の思想を語って、こう言っている。「これに注意して下さるようにお願いできる方は、あなただけでございます。あなたの思いやりはわたくしに注がれましたから、その愛がわたくしからそれて、わたくしの中のものに向けられればよいと思います。それはわたくしよりもはるかによいものであると、信じたいのです。」

そこで、おそらく読者はなぜこの本の出版が四年おくれたのかと疑問に思われるだろう。私はまずこの問いに答えて、今日まで出版しなかった弁解をしなければならない。私が持っていたすべての書類は、逮捕されたときゲシュタポに抑えられた。返却されても、順序がわからなくなっていた。この原稿を他の書類から別にして、集めなおして、分類しなければならなかった。そのために、私はこの原稿を、『重力と恩寵』を準備しているG・ティボン氏にもわたすことができず、それらを渇望している他のシモーヌ・ヴェーユの弟子や讃美者にわたすこともできなかった。また私が躊躇したということを特に告白しよう。私は、長い間、躊躇したのである。

まず私はシモーヌ・ヴェーユの思想を尊敬するために躊躇した。一つの文章に署名することはその責任を引き受けることであり、その文章に自分の思想と意図をみとめることである。彼女が読みなおしていない文章を、どうして彼女の名前で発表できよう。彼女はどんどん進んでいた。彼女が死んだ頃には、これらの文章についてどう考えていただろうか。特に、いま彼女は《真理》の輝きの中で、これをどう考えているだろうか。

私はまた個人的な嫌悪によって躊躇した。司祭というものは自分の貧しい人格を無限に越えた秘密や困難や希求を打ち明けられる。司祭は魂が信頼する御ものの僕であり、魂が求める御ものの使者である。その光の中で書かれた手紙を発表することは、私には何か冒涜のようなことに見え、神聖なものに対し、神の秘義のために造られた魂に対する尊敬を欠いたことのように見える。

また、率直に言えば、シモーヌ・ヴェーユのいくつかの思想が教会の信仰に対立するために、私は躊躇した。そういう思想を発表することは、これを認可することにならないだろうか。けれども、これらの文章はシモーヌ・ヴェーユの使命を彼女の讃美者や友人たちに理解させるのには他のもの以上に役立つことがわかったので、私は決心した。

彼女の手紙を再読し、論文を研究し、私たちの出会いや仕事について、すべての個人的な記憶を喚び起した後で、私は彼女の魂が彼女の天才よりも比較にならないほど高いこと、そして彼女はそのすべてをもって、生ける神の証人であることを信じている。

私がここに集めた文章の深い意味と比類ない価値は、それらが一人の著者の思想であるよりも、一つの魂の表現であるというところにある。

シモーヌ・ヴェーユの偉大な驚くべき証言は、だれでも無条件で真理に動かされるようになって、すべての隣人を自分のように愛そうとする人は、すでに神を見いだしているということであり、そういう人は神が自分のところへ来るのを見る状態にごく近いということである。

私がこの本を「神を待ちのぞむ」と題したのはそのためであって、この表題は福音書の“en upoménè”（耐え忍んで）という言葉を翻訳したものである〔ルカ福音書八・一五、二一・一九〕。これはシモーヌが一番好きだった言葉の一つで、それはおそらく彼女がそこにストア風の味わいをみとめたからであるが、もっと確実なことは、それが神に身を捧げ、すべてを神にゆだねる彼女のやり方だったからである。それは待ち望んで、完全に神に動かされうる状態にあることであった。

この本のいくつかの文章は絶対的に美しく、疑いもなく霊的文学の宝玉の中に数えられるだろう。他のいくつかの文章はその反対に、もっと議論の余地がある。私がどちらも同じように発表したことを恐らく非難する人もあろう。けれども私はこうした方が、この本の証言の性格を厳密に保つことができると考えた。証人は自分の知っていることを肯定し、自分の疑いとあいまいなことを暗示する……案内者に求められるのはよい方向に進むということであって、到達したということではない。

特に一司祭が紹介するシモーヌ・ヴェーユについて、その誤りや誇張を不満とする人々に対しては、私は進んでこう答えたい。「光に反して罪を犯したことがなく、光のすべての要求に従い、最後まで忠実であった人は、彼女に最初の石を投げるがよい」〔ヨハネ福音書三・二〇、八・七参照〕と。ヒッポの偉大な改宗者〔アウグスティヌスのこと〕の不滅の言葉が私の唇にのぼる。「真理の価値を知らない人々はあなたがたに怒るがよい……」

うめきつつ求め、上昇のために手さぐりする悩める不完全な知恵に対して、私たちは自分が真理を持っているという喜び、あるいはむしろ自分が真理を受けいれたという喜びによって無感覚になるべきだろうか。

彼女の証言と彼女の使命に対して忠実と尊敬を保とうとする同じ配慮によって、またできるかぎりの客観性をもって彼女を紹介しようという意志によって、私は彼女の手紙にも何も手を加えずに、そのまま発表することにした。けれども、そのすべての意味を理解するために、私は序文をつけずにはいられない。そしてその序文に私は当惑を感じ、あらかじめ詫びておきたいのである。

私はこの序文の中で彼女に対する自分の讃嘆を述べるべきであるかもしれない。彼女の友人たちのうち何人かはすでに友人になっているが、彼らは私からそういう証言を期待しているのではないだろうか。彼女に信頼されたために、私の立場では、そうすることはかなり困難になっている。幸いにして、手紙（特に第4と第6の手紙の中で彼女はあれほどはっきりと自分の魂を開いて見せている）を発表することは、私にできる以上に、そういう証言になるであろう。

同時に、彼女の使命に奉仕する義務によって、私は彼女の中で矛盾しているものを指摘し、そうすることから彼女の難点を強調しないわけにはいかない――これは否定的なことであり、私に適さないことでもある。

最後に、読者が彼女の証言そのものに耳を傾けるように、私は特に彼女自身に語らせたいと思う。だから、私に宛てた手紙と、もっと一般的な形で書かれているが彼女にとっては同じ意味を持っていた論文とを発表するに際して、私はできるかぎり控え目であるように努めた。その同じ意味というのは、真理に奉仕する私の使命を助けるように、彼女の経験を私に語り、彼女の証言を私にもたらすということであった。

そこで、私はこの序文をもっと短くしたかったけれども、後でいっそう控え目になるために、ここに本質的な問題をまとめておこう。簡単に私たちの関係を述べ、彼女の生涯を略述し、彼女の洗礼の障害を研究し、彼女の使命について結論しよう。

私は彼女にとって何であったのだろうか。司祭、彼女が知った唯一の司祭であった。私は助けを乞う貧しい人や、秘蹟の恵みを望む信者や、神を求める未信者が、差別なく呼びかける教会の当番司祭のようなものだったかもしれない。当時の私の生活はそれに似ていた。さらに女学生附の司祭の職と、戦争に追いつめられた不幸な人々への配慮が加わっていた。私はこの人々のために、かくれ家か逃れる手段かを見つけなければならなかった。

私にとって彼女は何だっただろうか。私が恐るべき責任をもって奉仕すべき魂であり、感動するほどの信頼を私によせて、神と共にある生活を語ってくれた魂であった。

こう言っても、もちろん私が自分の生活の中で多くのシモーヌ・ヴェーユに出会っているという意味ではなく、彼女が行列の中の一単位として通りかかったにすぎないという意味でもない。私は司祭が「皆に負目を持つ人」であって、払うべき負債は自分自身であり、自分の注意、献身、時間、資質であって、天才にも無知の人にも、影響力のある人にも無能力者にも負い目があるということを、理解してもらいたいのである。

そこから、私たちの友情はきわめて人格的であると同時に全く人格的でないものだった。人格的なものだったというのは、一緒に求める神がきずなになっている間柄以上に、内面的で全体的な間柄はありえないからである。神が言葉や観念ではなくて、心をみたす美であり、生きる理由である場合には！

また私たちの友情は全く人格的でないものでもあった。シモーヌ・ヴェーユは彼女が求めている以外のことは、ほとんど何も話さなかった。彼女が私に問題を提出すると、私たちは一緒に福音書を開いて、神の答えを求めた。私は彼女に教会の思想を説明しようとした。彼女はギリシアや東方の美しい文章にそれに似た思想を見つけたことを私に語るのが好きだった。もっとも私たちの話しあいは「愛の必要」によって縮められた。彼女はそれを何とも思わなかった。何人か私を待っている人があると、シモーヌはそういう人たちを先にして、自分は喜んで待っていた。そのために、彼女はたびたび私のところへ来たけれども、私たちの時間はいつも限られていた。それで、彼女の過去、政治的・準政治的な運動、経歴、家族、また生活の仕方についても、彼女は私にはほとんど語らなかった。彼女の手紙もこの点ではほとんど何も明らかにしなかった。もっとも私は彼女に「奉仕」して、彼女が信仰を求めるのを助けるために必要なことは知っていた。彼女は私の見るところでは、彼女の美しい言葉を借りれば「光に養われる葉緑素のよう」で、光によって生きる能力以外には、他の善を評価していなかった。

最初に会ったときから、彼女が体裁をかまわないために、強く浮き出してあらわれていたのはこういうことだった。真理を渇望するこの知性は広く普遍的に開かれていて、驚くべく明晰で力強く、それが時には具体的な事情を十分考慮せずに議論を徹底的に推し進めようとする傾きをともなっていたということである。

彼女の記憶力は異常なもので、博識は驚くべきものだった。多くの学問的な問題に通じていて、スカンディナヴィアの民話も、インドの伝説も、彼女の好むギリシアの著作家も、すべての言語、すべての時代の哲学も、同じようにたやすく引用した。さらにこの博識は生き生きと所有され、同化されていた。それらの博識は彼女の魂といわば一体になっていたのである。

彼女は内面の躍動に応ずるものをとらえて自分の肉にした。こうして彼女の思想は彼女の生きた存在に「根づけ」したことによって素晴しい力をえたが、時には知らぬ間に、また彼女の意に反して客観性を失い、現実に合わなくなることもあった。根づけに関するいくつかの文章はそれを十分にあらわしている。アリストテレスに対する彼女の嫌悪はこの種のものであって、彼女はこの気の毒な哲学者がアレキサンダー王の残酷な征服に責任があるものと考えたが、歴史家たちはそこに王の母を通じてディオニュソス崇拝の影響があることを明らかに見ているのである。これは多くの例の中の一例である。

シモーヌ・ヴェーユは客観性を求めるという有徳な望みを持っていたにもかかわらず、私は議論のとき彼女が譲歩したのを見た記憶がない。もっとも、討論することや、どちらが正しいかということではなくて、真理なる唯一の主に共に耳を傾けることが問題であった。

もとより、これはシモーヌ・ヴェーユが自分の観念の中に凍りついて、閉じこもっていたからではない。彼女は進化し、新しい観点をえて、それを誠実にみとめた。しかしそれはただ彼女の個人的な省察の孤独においてのみ行われるのであった。

このような知性を持つことが彼女にとって数多くの困難の原因になったのはたしかであるが、この知性は独立を守ることによって、彼女の精神の力とその見解の独創性に、また彼女の天才に大きく役立ち、キリストとの親密な出会いの後には、超人間的に彼女を神の超越性へ結びつけたのである。

彼女の性格的なものについては、その不屈な意志の力と絶対的な自己支配に人は驚いた。きわめてストア風の規律が彼女の感受性を完全に隷従させていた。彼女の感受性の動きは怒りにおいてしか感じられず、その怒りは個人には向わないで、罪に向い、何か非人格的なものが含まれていた。

それほどに彼女は自分自身を脱却することに努めたのである。ある本の序文で見た追従のために、彼女は「大コルネイユ」に対して現代の大きな罪悪に対するほどの怒りを燃やしていた。

彼女の幼な友だちや学校友だちは彼女が元気いっぱいで活動的であるのを知っていた。親しい人々だけは彼女が恐ろしい偏頭痛に悩まされ続けたことを知っていた。マルセイユの友だちは彼女がいつも陽気で楽しそうなのを見ていた。私たちの会話はまじめな調子のもので、いつも時間が限られていたから、私には彼女の魂のまじめな面、悩める面だけしか示されなかった。彼女はみじめさの意識を自分で誇張し、あるいはきびしく小心に判定していたが、それは他人の苦痛に関する絶え間ない思いほど彼女の中で大きな役割を演ずるものではなかった。

彼女の良心はきわめて繊細で、その洞察はどんな不完全さをも見逃さなかった。彼女は人々を愛したが、そこには多くの微妙なものがあった。彼女は人々を識別することができた。彼女はいつでも身を引くこと、奉仕すること、持ち物を分かつことを進んでしようとしていた。

そして、その根柢には、二年前に彼女に啓示されたキリストへの愛が、すべてを生気づけて、彼女の中に秘められた炎を燃やしていた。心の奥の院の戸口は固く留保されていたが、それは彼女の生命の実体になっていたので、そこにだけ彼女の友情があたえられるのであった。私たちが二三回会った時から、シモーヌ・ヴェーユは私にはそのように見えた。彼女の書いたものの中でも、彼女はそのように見えるであろう。

シモーヌが友の一人に紹介されて、はじめて私のところへ来たのは一九四一年六月のことであった。この日附は正確である。というのは、この最初の出会いは私がシャルル・ド・フーコー神父の

「小さき兄弟」会で説教するために延期したもので、私は五月下旬にマルセイユへもどってきてその説教をしたからである。

すぐにシモーヌ・ヴェーユは「不幸な人々」への彼女の愛を語り、彼らと運命を共にして、今度は工場ではなく、農業プロレタリアートの中にはいって（悲しいことにそういうものが存在するのだから）、彼らのように生きようとする意志を語ってくれた。そこで間もなく私は彼女をギュスターヴ・ティボンに紹介することになった。

同じ年の秋に彼女が帰って来ると、私たちの話しあいがまた始まって、私の説教その他ドミニコ会員としての仕事が許すかぎり、たびたび話しあった。冬の間に、私はシモーヌ・ヴェーユがギリシアの思想の中で最も美しく啓示的だと思う文章を読んで注釈するように、集会を催した。

一九四二年三月私はモンペリエに任地をあたえられたが、たびたびマルセイユへもどって来る機会があった。しかし私が遠ざかったために、五月十七日の彼女の出発のとき私に宛てて彼女の霊的道程を語る素晴しい手紙が書かれることになった。彼女が約三週間滞在したカサブランカからは、三つの覚え書が私に宛てて送られた。彼女はまた私のためにいくつかもっと専門的な文章を書いた。それを急いで仕上げるために、彼女は書くことだけしかしなかった。そのために彼女の習慣に反して、そこにあった数少い椅子の一つを専用にしていた。戦火によって私たちが引き離される前に、それを私に送ろうとしたのであった。

またカサブランカから、彼女は素晴しい別れの手紙をくれて、そこに彼女の友情のすべてをあらわしている。それは求め、また感謝する友情である。私は自分が彼女に非難された欠点以外に欠点がないのだったらよいと思う。彼女は主として誤解にもとづいて私を見ているからである。そして特に私がこの序文の最初に述べたことを忘れないでいただきたい。私は彼女の知る唯一の司祭だったということである。私の暖さや理解の深さその他すべて彼女が私について言っていることは、司祭の天職と使命以外の何ものでもない。「私の父が私をつかわしたように、私もまたあなたがたをつかわすのである」〔ヨハネ福音書一七・一八〕。同じ福音、同じ愛、同じ使命を帯びたものとして、主は私たち司祭をつかわすのである。

　私たちの話しあいに一番よく取りあげられた主題や問題はどんなものだっただろうか。もちろん、それは第一に神の愛であった。シモーヌ・ヴェーユはすでに生き生きと神の愛を信じていたが、彼女にとっては、このあまりに短い一カ年が豊かな発見の時であった。彼女はそれを別れの手紙〔第4〜6の手紙〕の中で語っている。彼女は聖体のことを発見した。彼女は日曜日のミサに欠かさずあずかり、聖なるパンの光の中で祈ることを好んだ。聖体の秘義に関する教会の信仰を、彼女は魂をあげて受けいれ、それを経験的に味わいさえしたのだった。「神へのはっきり意識されない愛の諸形態」をとる彼女の言葉には、議論の余地があろうけれども、彼女の信仰の明らかさと真実さには疑いがない。彼女は本当に超自然のパンに飢えていて、それが彼女に洗礼の問題を新たに意識させた理由の一つである。私たちはまた神の愛の秘義の他の様相についても話しあった。私が二年前にようやく出版した『愛の秘義』という試論をはやく書かないことを、彼女は非難した。私たちは神に関し、神の善良性に関し、神にいたる手段に関して、すべての人類の文献の中から最も美しい文章を集めることを夢想した。これがもとになって、彼女はギリシアやインドの数多くの翻訳を私に残すことになり、また先程述べた友の集いを開くことになった。

洗礼の問題もまたたびたび話題になった。彼女が否定的な結論を出さなければならないと私に書き送った（私が説教のためにどこかに出かけていた時であった）一月以後にも、彼女はこの問題を意識することを止めなかった。この秘蹟の必要と価値について、キリストの考えを知るために、私たちは福音書を開くのだった。「もし誰かが水と霊によって生れ変らないなら……」しかし彼女は自分の準備ができていないこと、彼女に本質的と思われるいくつかの問題を解決してからでなければ、誠実に洗礼を求められないことを知っていた。

そして彼女はこれについても、他のすべての場合と同じく、叛逆的であると同時に従順であり、不信でありながら信頼し、あらゆる種類の驚くべき知識を持ちながら、カトリック教のいくつかの要素には無知であった。彼女は自分で検討してからでなければ、何も受けいれなかった。ある人々は高慢と言うであろう。またある人々は誠実で真面目であると言うであろう。神だけが判定者である。

私たちを神に引き寄せる恵みは、特に私たちの努力がなければ、私たちを神から遠ざけている欠点からいっぺんに解放するものではない。毎日私たちはその苦しい経験をしている。

知性の領域でも同様であり、またそれ以上である。信仰の照明があっても、すべての二次的な真理を研究し探求し手探りする義務が減少するのではない。さらに、魂の中に燃えあがる真理への愛は、時には真実と信じて誤った観念に一時執着することがある。シモーヌ・ヴェーユと同じく、私も何度それを経験したことだろう。ニューマンは何年間も探求し、疑い、ローマ教会を攻撃したのである。

シモーヌ・ヴェーユにとって、友情は警戒の態度をとるべき最大の理由であった。だから私が人間でなくて本であった方が、彼女にははるかによかったであろう。

もっとも私たちは二人とも神の恵みにはその時があり、神の道には秘義があることを知っていた。シモーヌ・ヴェーユはキリスト以前と以後の非キリスト教徒の救いについて、またはっきり意識されない信仰について、教会の多くの教義にも不安をいだいた。彼女は聖トマスを、また時には彼女がごく表面的に、もしくはまた聞きによってしか知らない他の博士たちを、思い切って攻撃した。しばしば私は神の啓示した信仰と、たとえ最も権威あるものであろうとも神学との間には距離があることを、努力して彼女に示さなければならなかった。

彼女はまた世界の霊的な要求について、またキリスト者がいたるところに福音をもたらす必要について、私に語るのが好きだった。……彼女が私の一番大事な関心事にどれほど一致しているかを思わずに。

私はこれ以上に何を知っているだろうか。私が知っていることは、ただ私たちが最初に会った時に、彼女は私に向って自分が「教会の入口に」いると言ったこと、そして数カ月後にある友に向って、カトリック教の深さと美しさがようやく見え始めたと言ったことだけである。

……そして私はいつも自分にこう問いつづけるだろう。私は彼女に福音を伝えることができたのだろうか？　と。

使者に要求されるのは、忠実であると思われることだ。

シモーヌ・ヴェーユのくわしい伝記を書くことも、その思想の源泉を研究することも、まだその時期ではない。彼女の両親はつつましく遠慮して、それに反対している。だから私はただギュスターヴ・ティボンの作った彼女の生涯の表記に、多少の注釈を加えておきたいと思う。

シモーヌ・ヴェーユは一九〇九年に生れた。五歳の頃、第一次世界大戦で前線の兵士と慰問の文通をして、悲惨というものを発見した。彼女は前線で傷ついた人々にすべてを送るために、一かけらの砂糖も口にしようとしなかった。同じ精神から、冬は貧しい子供のようにするために、靴下をはかないようになった。それには両親をじらすいたずら気も加わっていた。こういう同情の異常な性格――これが彼女の生涯の主要な特色の一つであるが――を理解するには、両親が幼年時代にも少女時代にも、また後に慈善の冒険の英雄になっても、たえず彼女にあたえようとした物質的な安定と広い心と感動すべき情愛を思い出さなければならない。

ある日一家の友だちが両親に二人の子供のことを話していて、こういう讃嘆をもらした。「一人は天才で、もう一人は美人です！」と。この言葉はシモーヌ・ヴェーユの生涯に深い反響を喚び起したに違いない。彼女は真理を所有することにくらべれば、そういう美は何ものでもないことを理解し、すべて媚態や肉体的な魅力となりうるものを無視しようとした。おそらくそれが彼女の言う十四歳の危機であろう。

その上彼女の兄が早熟な驚くべき数学の天才だったから、それにくらべて彼女は自分を凡庸と判断したことによって、鋭い劣等感をいだくようになった。後年彼女が自分の霊的な道程を振り返った手紙の中でそれを語ったほどに、この劣等感は深いものだった。

彼女がどんなに激しい議論の中でも、強固な単純な調子を保ちながら、その底に極端なつつましさと恥じらいをかくしていたことを言わないでよいだろうか。子供の時から彼女は両親に対するきわめて正当で自発的な情愛のしるしさえもおさえていた。それでいて彼女はどれほど両親を愛していたことだろう。

デュリュイ高等中学校では、ある友だちの勧めで、ル・センヌの教えを受けるために哲学級にはいった。これは彼女の思想の方向を理解するために、忘れられないことである。

アンリ四世高等中学校ではエコール・ノルマルの入学試験を準備し、深くアランの影響を受けた。シモーヌがキリスト教に対していだいていたいくつかの判断は、彼女自身が再検討する暇のなかったものだが、それはこの時期に形成された判断であった。この年取った先生はたくさんの弟子の中でシモーヌの驚くべき知性を深く記憶にとどめていて、彼女が死んだことを信じようとしなかった。「そんなはずはない。彼女は帰って来るのではないか?」と彼は繰り返した。彼女は十九歳の時エコール・ノルマルの試験に合格し、二十二歳で教授資格をえた。一九二八年から三一年にいたる間のことである。

ル・ピュイが彼女の最初の任地であった。ここで他人の悲惨を現実に共にしようとする彼女の同情が自由に流れ出し始めた。労働者が失業手当の権利をえるために、きびしい労働を強いられていた。彼女は彼らが石を砕くのを見ていたが、彼らのように、彼らと共に、つるはしを振りたいと思った。彼女は彼らと一緒に県庁へ要求に行った。彼女は毎日の失業手当に相当する金額で生活することに満足し、余分な収入を他の人々に分けた。彼女が俸給を受けとる日には、彼女の保護を受ける人々がこの若い哲学教師の戸口を取りかこんだ。彼女は熱愛する読書の時間をさいて、寛大に彼らの中の何人かとトランプ遊びをするまでに、繊細な心づかいをした――これは彼女の生活の最も美しい特色の一つではないかと思う。こういうやり方や不幸な人々を守るための政治運動が醜聞になったことは言うまでもない。ごく親しい友だちを除いては、このような真の愛の愚行の英雄的な意味をだれが理解できただろうか。

しかしシモーヌは満足を感ずるどころではなかった。本当に愛する人にとっては、同情は苦しみである。そのために一九三四年には、彼女は労働者の生活条件のきびしさをすべて引き受けようと決心した。彼女は飢えと疲労を知り、鎖につながれた労働が荒々しい拒絶と抑圧を受けることを知り、失業の苦しみを知った。彼女にとって、これは決して苦しみの「実験」ではなくて、苦しみを現実に完全に体験することであった。彼女の「工場日記」は痛切な証言である。その試練は彼女の力を越え、彼女の魂はこの不幸の意識によって、いわばつぶされた。彼女は一生そのしるしを刻みつけていた。彼女は後になって、「不幸な時に不幸を見つめる力を持つためには、超自然の糧が必要である」と言っている。また彼女は私宛ての手紙にこう書いている。「わたくしはそこで、ローマ人が一番さげすむ奴隷の額につけた焼ごての印のように、永遠に奴隷の印を受けました。その後はいつも自分を奴隷と考えたのです」。ところで、この時期には、シモーヌは超自然の世界の存在を知らず、それを求めていなかった。神はまだ彼女に御自身をあらわさなかった。けれども彼女は自分の魂が奴隷状態を経験した後で、いつか不幸な人々を解放しに来る御ものに従うだろうと予感していた。後になって彼女はこう言っている。「キリスト教の極度の偉大さは苦痛の超自然的な癒しを求めるのでなく、苦痛の超自然的な効用を求めるところから来るものである」と。

間もなくスペイン戦争が起った。彼女はこの戦争に正義の勝利と不幸な人々の解放を期待した。彼女にとっては、この戦争に参加することが義務になり、彼女の理想のためにすべてを賭ける機会になった。彼女は入隊した。手仕事になれないための事故によって（油で足に火傷したため）、彼女は前線からしりぞいた。シモーヌは生涯の中でこのことについては、戦友のことを話すためか、彼女の夢が消えたことを嘆くためかでなければ、ほとんど語らなかった。

その翌年ソレムで、グレゴリオ聖歌によって彼女はキリストの受難を感じ、修道院の客の一人に教えられた詩が、彼女にとっては大きな啓示の最初の道具となった。彼女の言葉を聞こう。「そこに若いカトリックのイギリス人がいました……偶然に――というのはわたくしはいつも摂理というよりも偶然という方が好きですから――彼はわたくしにとって福音の使者になりました。彼は形而上的詩人と言われる十七世紀の詩人たちの存在を知らせてくれたのです。後で、わたくしはそういう詩を読んでいて、『愛』という題の詩を発見しました。これはあなたに残念ながらまことに不十分な訳をお聞かせしたものです。わたくしはそれを諳記しました。たびたび、頭痛の発作がひどくなった時に、わたくしはすべての注意を集め、魂のすべてをこの詩のやさしさに向けて、それを口ずさみました。ただ美しい詩として口ずさむつもりでいたのですが、知らない間に、それをとなえることには祈りの効果がありました。前の手紙で申し上げましたように、キリストが降ってわたくしをとらえて下さいましたのは、この詩をとなえている時でございました」。

ある人の訳によると、その詩はつぎのようである。

愛

愛が私に腕をひろげていた。けれども私の悪い魂は罪に汚れて、しりぞいた。

細心な愛はこれを見て、私は入って来たときからおずおずしていたのに、
私のところへ来て、何か足りないものがあるかと、やさしくたずねた。

「ありますとも。この場所にふさわしい客がいません」と私は言った。

ところが愛は言った、「それはおまえだよ。」

「私ですって。この心なしの、忘恩の私ですって。やさしい友よ、私はあなたの方を見ることもできないのです。」

愛はほほえみながら私の腕をとって言う、「私のほかに誰がおまえに目を注ぐだろうか。」

「主よ、その通りです。けれども私はその目を汚しました。恥ずべき私は私にふさわしい処へ行けばよいのです。」

「おまえは誰が罪を背負おうとしているか知らないのか。」

「やさしい友よ、私にあなたの御用をさせて下さい。」

「坐って、私の宴を味わうがよい」と愛は言った。そこで私は坐り、そして食べた。


ジョージ・ハーバート〔イギリスの詩人 一五九三―一六三三〕

それから戦争が始まった（一九三九年）。パリの非武装都市宣言が決定するまで、彼女はパリを去らなかった。そして彼女はマルセイユへ行き、この土地ですべてのユダヤ人に対する行政処分を受けた。一九四一年の夏の間、彼女はこの強制された自由を利用して、悲惨な農民と生活を共にした。しかしこれは同時に大きな富を手に入れることになった。その富とは驚くべきキリストの発見であって、それを彼女は手紙の中でこう語っている。「ときどき、こうして（主祷文）を唱えている間に、キリストが親しく現存なさいました。これはキリストがはじめてわたくしをとらえて下さいました時よりも、無限に実在的で、もっと強く、もっと明らかで、もっと愛にみちた現存でございました」と。

彼女がマルセイユにもどったのは、受けた恵みをひろげたことに外ならない。日曜ごとのミサは彼女にとっては超自然的な生活の進歩であった。聖体は神秘的に彼女を引きつけた。その数カ月彼女はギリシアやインドの著作家を、前に言ったような意味で研究した。すなわち神の愛に関し、神との出会いに関する世界的な証言の探求ということである。修道院の地下室で、私たちは何人かの友だちを集めて、彼女がそういう著作を読むのを聞いた。

一九四二年三月、私はモンペリエに任地をあたえられたが、たびたびマルセイユに来たから一九四二年五月十七日の彼女の出発までに数回会うことができた。その後のことは知られている。彼女はアメリカへ立ち、危険なところへ帰りたいという苦しい意志を持ちつづけ、イギリスに行き、占領地域の窮乏生活と同じように生活することを強く望み、一九四三年八月二十四日に若くして死んだ。

イギリスで過した数カ月のことを簡単に語ることは不可能であり、彼女が召集されて献身的にはたらいた環境の性質上それを客観的に語ることはむずかしい。忠実な証人の言葉を集めて、二三の特色をここにあげておこう。まず、シモーヌの生涯を支配したものの一つであるあの同情が、彼女につきまとうものになった。彼女は友だちの食卓についていても、占領地のフランス人が食べていないと思われる食物は、固く断って食べなかった。他人にあたえるために、自分のものをとらなかったのである。

細かなことには、もっと心を打つものがある。彼女の宿所に知恵のおくれた子供がいた。シモーヌは当時フランスを脅していた憎悪に不安を感じて、仕事に没頭していたのに、数時間をさいて美しい物語をつくり、それをその子に話して聞かせて、喜ばせた。

坑夫たちとトランプ遊びをしたあの若い教授資格者は、十年後には戦争のために熱意を傾け、また彼女の永遠の運命を前にしながら、その可哀そうな子供を喜ばせるために彼女の天才をささげて、すべてを忘れた……ここで私たちはいっぺんに愛の秩序の中へ移される。彼女の主張のほとんど非人間的な要求の下にかくされた繊細な心づかい、人々への「注意」を示すには、これはあまりに簡単な叙述である。

同時に彼女は友だちの一人に向って、自分が洗礼について「待っている」状態のままであることを打ち明けた。

もし神の恵みが護教論の教科書のように論理的にはたらいて、キリストの神性から神の建てた教会にいたり、カトリックの信仰をいだく必要が結論されるとすれば、シモーヌ・ヴェーユの立場は全く理解できないものであろう。実際に、彼女は神につかわされて人を救う神の子キリストを、魂をつくして信じていた。世に真理を保存するために必要な社会的機関として、教会の価値を確信していた。さらに「超自然のパン」を、それがなければ不幸な人々が全く絶望におちいるものとして、熱心に渇望していた。さらにまた、彼女の哲学的な考えにもとづくいくつかの言葉とは違って、彼女は聖体について信仰を持ち、また現在の教会の信心さえも持っていた。聖体の顕示によって彼女は超自然的な照明を受けたのである。彼女は私宛ての手紙でこう言っている。「わたくしの心は祭壇に顕示された聖体の中へ移されました。永久に移されたことを望んでおります」と。

彼女の十字架に対する英雄的な、真に驚くべき愛は、「キリストが彼をとらえたようにキリストをとらえること」を望む聖パウロを思わせるものだった。この愛から判断すると、この時期に彼女の深い生命が頂点に近づいていたものと思われる。別れの手紙の最後の句を考えていただきたい。「わたくしはキリストの十字架を思うたびに、羨望の罪をおかしますから」と。

こういう状態にありながら、彼女が洗礼を望まなかったことが、どうして説明できるだろうか。そして、彼女が洗礼を望まなかったのに、どうして彼女の使命を語ることができるだろうか。この二つの問題を私は結びとして語ってみたい。

洗礼の障害

どうしてシモーヌ・ヴェーユが洗礼の問題を意識するようになったのか、こんなに年月がたった後では、私にはもうわからない――おそらく私は全然気がつかなかったのである。それに役立ったのは私だったのだろうか。彼女の友だちの一人だったのだろうか。それはどうでもよいことである。キリストにとらえられて、その理想のとりこになった彼女の意識には洗礼の問題が起らずにはいられなかったのである。けれども彼女自身は自分のみじめさというはげしい感情のゆえに、また特に誠実さのゆえに、またいくつかの知的な立場のゆえに、この問題の意識に直面したことはなかった。当時私たちは福音書をひらいて、主の考えを聞こうとした。「もし誰かが水と霊によって生れ変らなければ……」彼女はいっぺんにそのことの重要性と美しさを理解したが、「おそらく臨終の時以外は」そこから離れているべきだと考えた。

この考えは彼女に強くつきまとっていたから、一九四二年に船に乗ることになり、友人と一緒に難破か魚雷攻撃かの危険にさらされたとき、彼女は別れの言葉のような調子でこう言った。「海が美しい洗礼堂になるとは思いませんか」と。

一九四三年七月私のベルギー人の友人がイギリスへ行ったが、死の数週間前にも彼女は同じように平和で、同じような魂の態度をとっていたと言っている。シモーヌのような魂は沈黙を守ることができたし、またある場合には秘蹟は神の秘密であるけれども、彼女はこの決意を最後までいだいていたように思われる。

これはシモーヌのカトリックの友だちにとっては残念なことであるけれども、彼女の魂の永遠の生命と、神との関係については、はげしい不安は感じられない。

洗礼はキリストの死によって復活の新しい生命にはいるために、キリストを着ることにより、聖霊をもってよみがえる正常な手段であるけれども、教会の信仰はいつも、希望の洗礼と、血の洗礼、洗礼志願者の殉教をみとめて来た。完全な愛によって人は父と子と聖霊の交わりの中へはいる。シモーヌ・ヴェーユの書いたものにみちている痛悔、隣人愛、真理への愛着、キリストへの絶対の従順、また神への完全な服従の意識は際立ったもので、私たちがそれなくしては何ものでもない御ものの現存を、そこにみとめないわけには行かない。

それでも問題はいっそう重大になるばかりである。なぜ彼女は洗礼が欠くべからざる義務であることを肯定する師キリストと、異なった意見をいだいたのだろうか。

私は全く率直にこう答えたい。これは神の問題であって、このことについての判断はすべて最も汚れた悪い意味で無謀なものになる危険があると。「誤ることを欲しないなら、判断することを止めよ」と偉大なアウグスティヌスもこれについて言った。このような事実については、私たちの思想体系を満足させるような説明を提供する必要はないけれども、ここから私たちの生活のための教えを引き出すことはできる。後でもう一度この問題にもどろう。

しかし、この答えは私自身を満足させても、神の秘義に従うこと以上に偉大で困難なことはないということを考えない人々には、あまりに安易な答えと見えるかもしれない。ある人々にはつまずきになるかもしれない。そのために、私はこの問題をもっと人間的に考えてみたい。

これほど問題が複雑でなく、自分の知らないことを語る教師や書物から受けた誤った観念にこれほど取りかこまれていない魂にとっては、道は容易であることはたしかである。あるいはむしろ、通過すべき道がなくなると言うべきであろう。シモーヌ・ヴェーユはいっぺんに中心に置かれたのであった。カトリック教会がそれによって生きているままに、聖体の秘義が彼女に示された。彼女はそれに飢えていた。その時彼女はこの超自然のパンを求めるために、此の世の「父」の家の戸を叩くこともできた。

第一の原理的な問題は彼女の真理に対する態度、もっと正確に言えば、知的な誠実さというものの受けとり方にあると思う。

私の考えをよく理解していただきたい。シモーヌが持っていた誠実さや真理への愛をちょっとでも疑おうとするのではない。それは彼女を知っている人にはだれにも思い浮ばないことである。彼女ははげしく真理を愛し、真理を求めるために生きた。それだからこそ真理が彼女に臨んだのである。しかし私たちの会話を思い出し、彼女の文章を読み返してみると、私には彼女が宗教的真理の性質について多少間違っていたように思われる。彼女は知性とだけしか関係を持たない数学的真理や理知の領域に属するもののように、宗教的真理を抽象的な真理として考えすぎたように思われる。

彼女は探求の自由を失うことを恐れて、自分をつなごうとしなかった。この態度は抽象的な真理に対しては理解できるが、人格に対する態度として考えられるものだろうか。「私と共にいないものは私に反するものであり、私と共に集まらないものは散らばる」とキリストは言われた。非現実的な思弁にふける学者はいつもすべてを疑ってよいし、何を考えてもよい。それは少なくとも抽象的なものにおいては、学者の権利である。しかし同じ学者が自分の妻や友だちに対して同じように振舞うとしたらどうだろうか。

シモーヌ・ヴェーユにはまたそこに謙遜の問題もあった。彼女は自分の判断を中止することが、いわば知性の領域の謙遜の徳だと信じていた。これは私たちに上からあたえられる真理については誤りである。

『根をもつこと』の読者は「言論の自由」の章につぎのような言葉を読んで驚かずにはいられない。「出版の領域においては、絶対的自由の特例が設けられることが望ましい。ただし、いうまでもなく、出版された著作が、いかなる度合いにせよ著者を拘束せず、かつ読者に何の忠告も含まないように」と。

これは人間の解きほぐせない複雑さを忘れる人には、おそらく魅力のある考えである。本能もなく、実際的な関心もない純粋な知性を考えることは人間の現実を無視することである。いつも後もどりするこの方法は、すべての認識を不可能にするものだとさえ私は考える。そういう方法は認識において、行動における小心者のようなものになるだろう。いつもためらう者は何もできない。いつも疑う者は進むことができない。もし幾何学が最初の公理をいつも疑っていたら、どうなるだろうか。

探求の誠実さには、発見したものについて行けるこの柔軟性と、あたえられた解決の注意深い検討と、根拠がえられるまで結論を急がない意識が含まれる。討論の誠実さには、反対する人あるいはまだ探求している人の反対説や躊躇に耳を傾けること、よく理解することが含まれるが、真理を疑うことは含まれない。問題の真理が神の愛する人々にあかされる神の真理である場合には、特にそうである。「すべてに対してすべてとなり」、異教徒とともに異教徒となり、ユダヤ人とともにユダヤ人となるには、すべてを聞き、すべてを理解しなければならない。しかし、すべての人を「救い」、すべてのものに含まれる真理の小片を全的な「真理」に導くためには、この真理を乞い求めて、へりくだり、打ちふるえながらも忠実な弟子として、この真理に定着していなければならない。

こうして教会は、反対説を最もよく理解し、信仰に最もよく定着した人々を、教会の最上の博士としてみとめている。しかし教会は神学の方法としては「方法的懐疑」をしりぞけた。

純粋に真理を探求するという口実のもとに「真理を数学化」しようとするシモーヌ・ヴェーユの同じ傾向は、彼女のいくつかの判断や態度に見られる。彼女にとって段階はない。真実か誤りかである。

あるいはまた友だちと真理を分け持つことを楽しむのが、彼女にはその真理に対する反逆と思われたのかもしれない。私自身がそれを経験した。彼女と同じような感情を持つ人あるいは環境によって伝えられる教えを、彼女は信じようとしなかった。このような行き過ぎは知的な誇りを持つ何人かの人に、誤ってあらわれたことがある。友のゆえに一つの見解を固執すること、他人に迎合して、ある宗教を受けいれることは、もちろん非難すべきことであり、それ自身として、ただそれだけのために愛せられるべき「真理」にそむくことである。

真理に導くために圧力を加えることは、たとえそれが心の圧力であっても、忌まわしいことである。しかし自分の持つ最上のものを友だちと共に楽しむことには、どんな悪があるだろうか。そうしないことこそ私には悪と見える。たびたび引用されるプラトンの美しい言葉に従って、人が「魂のすべてをあげて」真理におもむくとすれば、それは単に精神の執着だけではなくて、また生命の喜びと契りであり、魂の間の最も高い交わりを基礎とするものでなければならない。もし友情がこの語に含まれる喜びと豊かさのすべてをともなって、真理の探求の上に生じうるものとすれば、真理の所有と真理の光によって生きる忠実さとにもとづく友情は、いっそう美しいものではないだろうか。

神は単に真理や光だけではない。神は愛、慈悲、喜び、美、生命である。シモーヌはそれをよく知りながら、ときどきそれを忘れているように見える。そしてそれが彼女のある主張に非人間的な、肉化されない性格をあたえている。

けれども私の考えをよく理解していただきたい。彼女の理想があまりに抽象的で、あまりに知的な観念であると言っても、私は神御自身である真理の生きた愛すべき性格を彼女が無視したと言うつもりはなく、そう考えてもいない。彼女は神の全能よりも神の善良を知ることの方が価値があると、進んで繰り返した。さらにまた彼女は直観的な人であり、神秘家である。

彼女自身を知らなくても、彼女が私にキリストとの出会いを語ってくれた素晴しい手紙を読めば、この経験が本当のものであることは十分に納得できよう。もっぱら真理に心を使い、人間のすべての悲惨に兄弟愛をいだいていた彼女の魂はこの出会いに値するものであった。それについての彼女の証言を疑うことが正当でありうるとは、私には思われない。

しかしそこから彼女にとっては、私たちのおかれている領域のもう一つの困難が生ずる。彼女の極端な知性主義的な傾向は、主観主義的と呼ぶことのできるもう一つの傾向と*錯綜している。シモーヌ・ヴェーユにはすべてを自分の内面の好みによって判断する傾きがあった。彼女は内面に感じたことを、読んだものに移した。彼女の魂はある書物、特にエジプトやギリシアや古代インドの経典の中の言葉に深く動かされていたのだろうか。そういう言葉の意味を時代や環境や人物との関係において求めるという考えは、彼女には思い浮ばなかった。彼女は読んだのではなく、自分で言うように「食べた」のであり、そういう言葉に養われたのである。これはよいことであるし、愛の秩序のきわめて高い段階では私たちは同じことをするように勧められるとさえ、私は信じている。美しいもの、崇高なものはどこにあっても、神への道である。シモーヌ・ヴェーユはそれを、行き過ぎではあるがきわめて美しい言葉で述べている。「グレゴリオ聖歌の旋律は殉教者の死と同じだけの証言をしています」と。

同じように、彼女の生涯の大きな決定において、特に洗礼の問題については、彼女は「待って」いて、上からのはっきりした命令がなければ、彼女を強いる衝動がなければ、何も決定しまいとした。神の愛と聖体の中につづけられる贖いの托身への信仰を彼女に伝えるために、神の恵みはこの障害を乗り越えていたと私は言いたい。

このように神御自身の直接のはたらきかけに身をゆだねることには、何か偉大で美しいものがあることをみとめなければならない。これは信頼と愛にみちた自己奉献である。この自己奉献こそ宗教的探求の根抵となるべきものであり、宗教的探求の根抵は知的な問題の解決よりも、生けるペルソナを待って、これと出会うことである。

けれどもその自己奉献には支障がないのではない。自己奉献だけが行われて、教会の生ける権威にもとづかず、客観的な方法（科学においては科学的方法、聖書解釈においては聖書解釈学的方法、歴史においては歴史的な方法）に統制されていなければ、錯覚や誤った見方におちいる危険がある。これは最大の予言者たちにも見られる危険であって、自分の考えや偏見を神のものとしてしまうことになる。偉大な神秘家たちはそういう危険を告げて、理性や信仰や多数の標準にたよる必要を力説している。

そこには高慢をともなうことさえもないではない。なぜなら信仰に照らされた知性が真理を発見できる領域で、それは奇蹟にたよっているからである。

しかし私たちはその危険を告げることはできるとしても、それを判定するならひどい無分別であろう。なぜなら神の秘密に触れることであるから。

いずれにしても、このように個人的な直観にたよることは方法上の誤りになる。特殊な対象であ

＊ このようなすべての問題を通じて、シモーヌ・ヴェーユに示唆をあたえていた源泉、特にアランにさかのぼることは容易であろう。彼女自身の人格がどうして段々にそれを脱け出して、自分のものを持つようになるかを見て行くことも、また興味深いことであろう。（原注）

れば、その不完全な性格がすぐにわかる。文献の発見や原典の批判と解釈をしなければ、すべてを曲げてしまうことになる。この種の真理については歴史的、客観的な方法があるからである。しかしシモーヌが見事な言葉で述べた通り、どんな領域のどんな発見も、真理に動かされる柔軟性がなければ可能でないことは、やはり真実である。

この点については「ノアの息子」〔本書二二四頁以下〕を読むとよくわかる。聖書の物語は一般に知られている通りである。ノアは自分が植えたぶどうの実のききめを知らず、酔って衣服を脱ぎ、深い眠りに落ちる。ハムはそれに気づいて、父の裸体をあざける。彼は一緒に笑うために、兄弟を呼ぶ。しかし兄弟たちは尊敬をいだいて、後向きで老人に近づき、外套で彼をおおう。この場面は描かれて不朽のものになっている。

ノアは目ざめると、尊敬を払った子らを祝福し、ハムを詛う。憐み深いシモーヌが急いでハムを助けようとするのは、特にセム族が彼にあたえた悪い役割のためだろうか。彼女の好きなピュタゴラス派の霊的な先祖と名前が似ているからだろうか。それとも単に、愛に酔って十字架の上で裸で眠るキリストのかたどりだからであろうか。これは彼女の精神の単なる遊びではない。というのは、彼女はそれが彼女を洗礼から遠ざける思想の一つだと言っているからである。

とにかくすべてが変えられている。ハムは英雄になり、神の友愛に滲透された「知恵」の弟子になる。彼だけが祝福されたものである。他の兄弟はこの精神にあずからないから呪われている。

この文章を心で読む人は、その霊的な息吹きと美しさ、魂の高揚を讃えるであろう。しかし理性をはたらかせて、宗教史家としてこの文章を読む人は、たくさんの不合理な点を指摘するだろう。

ノアが眠っている時にキリストのかたどりであるなら、なぜ彼が祝福をあたえる時に、いっそうキリストのかたどりではないのだろうか。人類の宗教的な運命がこの種族にゆだねられているのでないとすれば、これは一家族の小さな喧嘩でなくて何だろうか。

シモーヌの友である歴史家たちは、この種の偏頗な態度をいくつか指摘している。その中の一人はつぎのような可愛らしい話を聞かせてくれた――シモーヌ「でもヘロドトスがそう言ったの」――友だち「その言葉を批判して、その言葉の由来と意味をはっきりさせなければならないでしょう」――シモーヌ怒って「あなたはヘロドトスを批判するんですって！」――「だって、批判できるじゃないの！」

私が批評を続けることを許されたい。一人の友人の批評は――それだからと言って私がシモーヌを讃えることに変りはない――シモーヌ・ヴェーユの証言と使命を正しく位置づけるのである。当時彼女はまだ三十二歳だったことを忘れないでいただきたい。彼女の直観力や語学力――特にギリシア語とサンスクリット――によって、彼女の問題は無限に倍加され、彼女の忠実さはどの問題も無視しまいとした。彼女が発見したものを蒸溜する暇も、自分の博識の一部を消化する暇もなかったことに驚いてはならない。彼女について、私は何度ボードレールの詩句を思ったことだろう。

「その巨大な翼が歩みを妨げるのだ」

以上彼女の探求の一般的精神について述べたから、彼女の書いたものの中で私に重要と思われる三つの点を取りあげたい。すなわちイスラエル人への嫌悪、古代宗教への愛、教会への反感である。

イスラエルに対する彼女の敵意は、私たちが真理を求めようとしてシモーヌと共に出会った最初の戦場であった。これは避けられないことであった。ユダヤ人迫害の一番はげしい時で、マルセイユのドミニコ会修道院は、迫害を受けた人々を迎えて奉仕する活溌な中心になっていた。修道院の歓迎はわれわれのユダヤ人に対する態度を彼女に語っていたのに、私は彼女から全く反対の方向の言葉を受けとった。彼女は迫害を非難するだけで、迫害を避けるために何もしようとはしなかったが、旧約聖書とイスラエルの使命については何も理解していなかった。あとになって私はたびたび彼女とその問題を話し、旧約聖書の宗教的な美と霊的な価値を彼女に示そうと試み、木の幹が花や実をつけるように、神がゆっくり準備されたものが、新約の中に花を開き、輝かしく完成したと見る教会の教えを繰り返した。私はそれについて彼女の立場が変ったとは思わない。おそらくこれは教会とイスラエルとのつながりを彼女にいっそうよく理解させて、かえって彼女の反対の立場を固めることになったのであろう。

繰り返して言う、シモーヌのユダヤに対する敵意が現在広まっている反ユダヤ主義や、あるユダヤ人たちが自分の民族を忘れさせようとしている同化の精神と、何かのつながりがあると考えるのは完全な誤りであろう。

私はその反対に、シモーヌが美しい謙遜によって、ときどき自分にかかわりのあること、特に自分がユダヤ系であることを低く評価する誇張に傾いていたものと信じたい。

私はまたシモーヌの立派な両親から、彼女の幼年時代に、年とってさまざまなパリサイ風の欠点をあらわす近親たちが強い印象を残したことを聞いている。頑固、複雑な形式主義、誰に対してもきびしく偏狭であることなどの欠点である。第一戒が輝いているイスラエルの宗教的な流れは、彼女には縁遠いものであった。シモーヌ・ヴェーユがキリストの十字架をイスラエルの宗教的伝統の終結であり、論理的な結論であると考えるとき、彼女は重大な誤りを犯し、部分的なゆがみを神の啓示と混同し、さらにまたペテロもヨハネも聖母も、使徒たちや初代キリスト信者たちも、聖霊にとらえられた偉大な人々もユダヤ人であり、聖書に養われていたことを忘れている。

さらにまた、彼女は進歩の概念を嫌ったことによって、ユダヤ・キリスト教の思想から遠ざかっていた。これは普遍的なものを段々に準備する地方的な啓示であり、完全なものに達するための不完全な啓示であるというのがその思想である。

「天国はからしだねに似ている……」

最後に、彼女は本当に情熱的にギリシアを愛し、その文明の感覚によって、彼女はヘブライ的な形態には閉ざされていたに違いない。

彼女が非難するヘブライ人の虐殺は、ギリシア人の虐殺と異なるものではない。「万軍の神」という呼び方は戦士たちの神を意味するのではなく、天の万軍すなわち軍隊のように秩序立って配列された星々の神を意味するのである。

彼女がギリシアやインドの宗教的な価値を愛したこともまた彼女の議論の主題になった。彼女は三位一体も、キリストも、秘蹟の価値も疑わなかったが、ギリシアを愛し、贖罪の普遍性に関心を持っていたために、神のそういう真理が彼らにはっきり啓示されていたものと確信した。シモーヌの主張が賢明な釣合いのとれたものになれば、たとえば聖ユスティヌスやアレクサンドリアのクレメンスのような教会の教父の言葉と一致することもできたであろう。しかしそれを極端に押し進めては……代数のような論理が歴史に耳を傾けるだろうか。彼女が誰か熱心なギリシア研究家に出会って、彼女の問題を一緒に徹底的に研究し、テキストを客観的に検討することができたらよかったと思う。私はそれを望んでいたが、戦争の不幸と彼女の死によって、それは許されなかった。

彼女のテキストの読み方が甚だ主観的であったことは、すでに述べたから、繰り返す必要はない。異教から改宗した初代のキリスト教徒たちは彼女よりもよく判断ができたに違いない。この問題はまた彼女の使命に関連しても取りあげなければなるまい。

第三の問題は教会である。シモーヌ・ヴェーユは彼女の考え方の原理によって、自分が教会に引かれるのを感ずれば感ずるほど、教会の欠陥を宣言している。これは彼女の多くの文章の正しい意味をつかむために、決して忘れてはならない事実である。

さらに、シモーヌの本質的な難点は、彼女にとっては教会が歴史によってその生命を研究されるべき一つの制度にすぎないことである。唯一の教会への目に見える所属や——洗礼を受けない人々の——目に見えない所属、神の恵みにおいてすべての人々を肢体とする神秘体と教会との同一性は、彼女には縁の遠いことである。彼女の問題はたいていそこに解決を見いだしたはずであろう。

彼女は教会を愛していないと言っているが、同時に、教会のために死のうとしていた。それほどに、彼女は教会の重要性を理解していた。彼女は自分がこぐらいた状況にあることを感じていた。教会の外にとどまれば嘘になり、彼女の道を妨げる問題を解決せずに教会の門をたたいても嘘になるのだった。

それが矛盾した態度であることを、シモーヌはだれよりも感じていた。神はいつでも、神の望まれる時に、望まれる方法で恵みをあたえられる。

シモーヌは私に会いに来たとき、自分が全く教会の敷居の上にいることを信じていた。実際には、彼女はたくさんの偏見を持ち、自分で考える以上に彼女を教会から遠ざける流行の観念をいだいていた。彼女がマルセイユに滞在したことは、問題をより客観的に意識するのに役立ったが、その後にも無知なところがあった。一般に彼女は知らないことを語るのをはばかるだけに、それはいっそう驚くべき無知であった。

こうして、彼女が「望みの洗礼」、水のない洗礼の観念によって、すべての神学はつくりなおさなければならなくなると書き、あるいは「はっきり意識されない信仰」について何か似たようなことを書くとき、また教説の複雑な聖トマスの信仰の概念と神秘家たちの単純な信仰とを思い切って対立させるとき、人は微笑しないではいられない。というのは、そのすべてがくわしく、はっきりと聖トマスの著作の中に解説されているからである。シモーヌは聖トマスのアリストテレス主義を許すことができなかった。

ギリシア人たちを悪く言ったジャック・マリタンを召喚しようとした彼女の法廷で、彼女自身の主張がどれだけ裁かれるはずだったことだろう。

これほど容易に解明できる誤った観念によって、彼女が目に見えるかぎりでは「魂の家」から離れていたことを考えると、人はまず悲しい微笑を浮べるであろう。その家では少なくとも地上にありうるかぎりの開花と平安を、彼女は十分な光の中に見いだしたはずである。しかしその後で私たちは考え深く自分自身に思いをもどすであろう。というのは、教会の外のあまりに多くの環境にひろまっているこれらの観念は、私たちが責任を負うべきものではないだろうか。私たちの語り方はあまりに物質的で概略であり、またゆだねられた神の福音に不忠実である。

彼女の主要な困難は彼女の探求の自由と思想の客観性を拘束する権威と、偏見によって彼女をそこなう環境とを恐れたということであるように思われる。

手紙の中で彼女が私にみとめている誠実さは、言葉ではいっそう多くみとめてくれたものだが、彼女のそういう見解を変えるのにいくぶん役に立った。事実や発見に対して何か敵意をいだくのは体系によって動く人たち――その体系がどんなものであっても、たとえ自由思想や反宗教の体系であっても――だけである。神の子らにとっては、すべての現実は友であり、すべての真実は兄弟である。カトリックの教えは体系としてではなく、事実を述べるものとして示され、それを神学的な思考が体系化する。そして私は聖トマスやラグランジュ師ほどに澄んだ透明な精神はないと思っている。

シモーヌ・ヴェーユは教会の権威の裁定や断罪のニュアンスをあまり理解していない。「偽り」と「正統的でない」との区別はこれに関連していると思う。ある思想が異端とされるのは、ある場合にはそれが天啓真理に反し、キリスト教の本質に触れるからであり、ある場合にはその帰結のため、その方向すなわちそれがキリスト者の意識にひき起すべき動揺のためである。

こうして異端とされるのは著者の意図や真理への愛ではない。その秘密は神のものであって、ただ書かれたこと、言われたことだけが取りあげられる。

シモーヌ・ヴェーユはある司祭からきびしく異端として取扱われてびっくりしたということを、

私は彼女の出発の後で聞いた。それは彼女がはじめて話しあった司祭で、彼女がどんなに熱心に「真理」に動かされたいと思っているかを知らなかった。この司祭の判断は彼女の観念については正しかった。しかし彼女は自分が絶対に誠実であろうとする意図が異端とされたものと思ったのである。

シモーヌ・ヴェーユの知識が甚だ不十分であると感じられる点を列挙することは長くなりすぎる。いちじるしいものをいくつかあげよう。

殉教者のあかしについて、彼女は好んでポリウクトの台詞を引くが、これには『殉教者の行動録』と共通なものは何もない。

奇蹟については、言うべきことが多いだろう。彼女があまりに通俗的な概念とたたかうのはもっともだが、彼女は他所で聞いたことを繰り返していて、はっきりした実例を研究してはいない。

彼女が「キリスト教のすべてがこの思想に反対」であると信ずるのも同様である。この思想とはアリストテレスや聖トマスやジャック・マリタンの思想であって、彼らの友情の概念がプラトンと違うということが彼女の理由である。こういう断定は少なくとも行き過ぎであると思わないわけに行かないだろう。私はただ彼女にマリタンの『知識の段階』を読むことをすすめ、あるいはもっとつつましく『愛の神秘』をすすめたい。もう一度言うが、これらの但し書きはシモーヌ・ヴェーユの書いたものの中の問題点をあげつくしたものではないけれども、これによって、彼女の持つもっと偉大なものが何も取り除かれるのではない。彼女は人を愛し、特に最も恵まれない人々を愛し、熱心にキリストを待っていた。そして、すべてこれらの誤解には、私たちに責任があると思わずにはいられない。

彼女の使命

早い死によって断ち切られたこの生涯、矛盾にみちたこの生涯（彼女の「心は祭壇にあらわれる聖体へ永遠に移されている」のに、彼女は「おそらく」死の時まで洗礼を受けることを差控えたのである）を見てその使命を語ることができるだろうか。

それには何の疑いもない。摂理による出来ごとに意味のないものはない。「声のないものはない。」そしてすべての人は、すべての善が由来する「美」を示している美しさによって、神からの使者であるのと同じように、憐れみと償いを呼ぶ罪と悲惨によっても、神からの使者である。

その人の中に不協和なものや神秘的なものが見いだされれば見いだされるほど、その人によって、私たちは省察を加え、自分の既成の観念よりも高く昇るはずである。これは共感のはたらきであって、すべて迂闊な態度や離れた態度をとるならば、私たちはものにも人にも「無意味な」表面にとどまることになる。

未完成だからというので人の使命をしりぞければ、私たちは何も理解できないことになる。なぜなら此の世ではすべてが未完成であり、決定的な世界にくらべて私たちの現在の世界がどんなに一時的なものであるかということは、それによって最もよくあらわれるからである。シモーヌ・ヴェーユは「洗礼志願者」として死んだ。神によってつかわされ、神への通路である神なるキリストに抗し難く引かれると同時に、彼女が真実として愛した観念――私たちはそういう観念を誤りとするにしても――によって、彼女は洗礼から遠ざけられていた。そういう観念を彼女は問題にしなおして、深く究めようとしていたのであり、特にそういう観念によって彼女のキリスト教思想を補いたいと望んでいたのである。

私たちはその意味で、彼女から多くのことを学ばなければならない。けれども、そこで誤ってはならない。彼女の文章に完全な教えや完成された思想を求めるのは、確かに間違いだと思う。自分の仕事を再検討したり、原稿を訂正したりすることができなかったシモーヌ・ヴェーユの若さを、私たちは彼女の思考方法とともに心得ていなければならない。私は見たことがあるのだが、しばしば彼女は仮説あるいは誤りとさえ思っていた考えを書いて、その価値をためすために肯定してみることがあった。だから探求の一面か、一時的な足場にすぎない観点を決定的なものと考えることは、おかしなことであろう。彼女は全く進展の途上にあった。私は彼女がマルセイユにいた時にそれを知った。彼女が提出する問題を聞き、投げかける観念を検討し、おそらく特に彼女の証言を受けいれなければならない。

シモーヌ・ヴェーユの仕事はおそらく第一に真実というものの価値を世に指摘することであった。真実は観念や談話によってではなく、自分自身によって買い取るものである。「真実を行う者が光に来る」と福音書に言われている。彼女には「真理」だけが問題であることを感ずるためには、幅広のベレー帽に褐色のマントを着て、大きな靴をはいたシモーヌに出会って、特に彼女が真実と考えることを誰の前でも、どこでもかまわずに断言するのを聞けば十分であった。彼女の考えに異論をとなえることはできるが、彼女の誠実さを疑うことはできない。

私は彼女の死後にその子供の時や若い時の状況を知ってから、彼女が私と一緒にいる時でさえも、どんなに「無名」であろうと努めたかがわかった。最後の手紙を受けとるまで、また死後その身内の人々に会うまで、私は彼女の生涯についてほとんど何も知らなかった。

特に彼女は隣人を「己の如く」愛する英雄的な努力によって「真理を行った」。その隣人は誰でもよいのだった。神の秘密について語ることが許されるなら、これによってこそ彼女は、神を知らず、意識的に祈ることなく、はっきりしたキリストの信仰をいだかずに、神が選んだ友らにあたえられる偉大な神秘的生命にいっぺんに近づいたのである。彼女の真理に対するはげしい絶対の愛――これは彼女の知らないうちに神への愛の一形式になっていた――と隣人に対する全く兄弟のような同情――これは大きな照明となるほどに彼女には無意識に対神徳になっていた――とによって、彼女は愛が「味わい」となり神の輝かしい発見となる水準に高められたものと、私には思われる。

さらに、これはシモーヌ・ヴェーユの生涯があたえる第二の教えであるが、彼女のかまわない身なりにも多少感じられて、親しい人たちが知っていた彼女の生活のきびしさは、単に精神的な価値のないものに一切無関心であるばかりでなく、人間の苦しみにあずかり、何よりもキリストの十字架にあずかろうとするものであった。

聖パウロが言うような意味で、「十字架がつまづきである」ようなユダヤ的なものを、彼女は何も持っていない。彼女にとっては、反対に十字架こそキリストの神性の最も力強い証拠であり、最もまばゆい啓示である。「十字架の正しさ」を理解し、それを必然であると感ずるためには、また「すべての利得はキリストにおける損失である」ことを発見して、すべての辛い、屈辱的な、打ちひしがれたこと、一番強い意味で苦しいことに好みを持つためには、どれほど高く上昇しなければならなかったことであろう。

ここでシモーヌ・ヴェーユはキリスト教の偉大な神秘思想家たち、彼女が読んだ十字架の聖ヨハネや彼女が知らなかったシャルドンの思想に一致している。利己的な快楽にふけって、十字架を冒瀆する世界に対して、彼女のような使命が時宜に適していることを強調する必要があるだろうか。

つぎには誠実さである。考えていないことを言わないという初歩的な誠実さの問題ではなく、自分の利益や好みにかかわりなく、見る通りにしか考えないというもっと高い程度の誠実さの問題でもない。それはもちろんのことである。この第二段階の誠実さにはほとんど誰も到達できない聖性の次元があるにしても。私はシモーヌ・ヴェーユの主観的な傾向について言ったことは繰り返さない。具体的な生活を精神の観念と調和させる誠実さについて言うのである。いくつかの宗教的な理論を思弁の秩序においたシモーヌ・ヴェーユの思想には、異論の余地があると思われるかもしれない。そこでは彼女に従えば、自分で責任を引き受けず、読者に何も示唆しようとしないで、すべてを肯定し、すべてを否定し、すべてを支持し、すべてと争うことができる。しかし生活においては彼女は見事にそれとは違っている。

人はまず自分の中からその悪を除く努力をしてからでなければ、誰にも何も非難できないことを、彼女は意識していた。彼女がはっきり自分の考えを述べて、何か非難をする時には、まずそれを彼女自身に向けるのであった。

彼女はローマ人に対して、またユダヤ人、北フランス人、コルシカ人に対してきびしい。知識人に対しても、数学者に対してもきびしい。しかし彼女自身に対しても同じようにきびしい。彼女は人や、ものをはかるのに、一つの秤だけしか持っていないのである。

彼女の若さから来る非妥協性や、人を傷つけるようないくつかの判断はそれによって弁解されるものであろう。シモーヌは死んだとき三十四歳になっていなかったことを忘れてはならない。年齢を加え、また特に聖体の恵みを受ければ、彼女は地を継ぐあの幸いな柔和と、人の足を洗うほどの謙遜とやさしい奉仕の精神に滲透されたことだろうと、私は確信する。彼女をよく知っていた人々は、彼女が「真理」に対して、どれほど懇願の態度をとっていたかを知っている。これは彼女のあの文章の直截な調子に驚いて、そこに知的な高慢や裁判官のようなきびしさや弁護士のような微妙なものを見ようとする人々に向って、言わなければならないことである。

けれどもこれらの特質、すなわち真理への愛と十字架の意識と生活の誠実さは、シモーヌの使命のすべてを尽すどころではなく、彼女の持つ最も異常なものを十分にあらわすのでもない。この魂はあまりに偉大であり、あまりに誠実であって、人は彼女が提出する問題に耳を傾けないわけには行かない。まず私たちに提出された質問である。

彼女が、一般に受けいれられている観念をあれほど多く批判するのを見るとき、私たちは彼女の言葉を聞いて、まじめに反省するのがよいことであろう。たとえ敵対者の言葉であっても、その敵対者が聰明で誠実であれば、いつも何か学ぶべきものがある。まして友人の言葉であれば、なおさらである。教会に属する者が、シモーヌのある甚だしい誤りに気づいたからと言って、彼女が提出するすべての問題をしりぞけるなら、その人は罪となるほどに軽薄であろうと私は思う。

　特に、私のように彼女の霊的な生活の真に超自然的な性格をみとめるならば、彼女が教会にもたらしうるものが何であるかを考えなければならない。なぜなら彼女のすべての仕事において、神の霊はキリストの神秘体をつくり、キリストの花嫁〔教会のこと〕を美しく聖化するようにはたらくからである。

　彼女が私たちにあたえ、あるいは少なくとも思い出させる第一の教えは、高い精神の純粋性ということである。たしかに彼女の神の概念はあまりに抽象的であり、あまりにストア学派の「運命」に似ている。これは新約聖書の中で、特に福音書から読みとったことであろうが、彼女は福音書の中で好意にみちて地上の父親以上に子らの願いを聞き、私たちの髪の毛の数までも知っている父なる神が、私たちに注意を寄せられることには十分気づいてはいなかったのである。もっとも、このように絶対に超越的で無限に人格的《ペルソネル》でありながら、神となり人となることのできる生きた神を発見することが、教会の外でキリストとの長い接触なしに可能であるかどうか、私は知らない。夜のきびしい博士であって、神の親しさを歌った十字架の聖ヨハネや、純粋現実の厳密な形而上学者、超越性の神学者であって、聖体を歌った聖トマスのことを、私は思い起す。聖トマスはときどき手記を祭壇の上にはこび、聖ひつの上に額をあてて、親しげにその戸をたたくのを人は見たのである。

このような例は限りなくあげられるであろう。

　またときどきシモーヌは自分のみじめさにとらわれている。彼女はそれを主に「投げかけ」なかった。彼女はそこから「解放」されていない。

これだけの条件をつければ、シモーヌ・ヴェーユは彼女の純粋性の要求によって私たちに多くのものをもたらすことができる。私たちの教育によって受けいれられた理想や観念が、どれほど神の光によるきびしい検討を受けるべきことだろう。どれだけの語り方が神にふさわしくないことだろう。福音に反対するどれほどの態度が私たちの態度になっていることだろう。洗礼を受けないこの人は私たちを強いて、特に霊的な価値の評価と十字架の意味と隣人愛とを再検討させるのである。

しかし疑いもなく、彼女が一番強く私たちを招くのは、真実に現実にカトリックであることに向ってである。

私の考えが理解されて、誤解がなければよいと思う。普遍性の名のもとに、シモーヌはすべてを混同し、すべてを同等視する。あるいは、もう少しでそうするところである。ユダヤ教だけを別にして……。

キリストの弟子らはその反対に「人々は救い主としてイエズス以外の名をあたえられてはいないこと」、「神と人々との間にこの唯一の仲介者以外はないこと」、「唯一の羊飼いと唯一の羊の群だけしかないように」「彼は死によってすべての人を彼に引き寄せようとすること」を確信している。

そして単純な良識によっても、無限な真理が対立する教えをあたえることはありえないということが知られる。

これを深く記憶した上で、シモーヌ・ヴェーユは私たちに何をもたらしうるであろうか。それは三つのことであるように私には思われる。

まず、年代や場所や文明の問題にかかわりなく、人類のすべての霊的な価値に対して私たちの注意をひろげることである。善のセクト主義や魂の狭量はキリスト者にふさわしくない。キリスト者は教会の目に見える領域があり、また、聖パウロが言ったように「外の領域」があることを知っている。しかしまた、この領域は「万人の救い主であり、特に信者の救い主である」神の恵みの境界線ではないこと、キリスト者にあたえられるたまものはキリスト者を他の人々から切り離すものではなくて、キリスト者を他の人々に開きゆだねること、父の家はすべての子らを迎え入れることを知っている。だからキリスト者は「世界の兄弟」であり、すべての善を讃えて、素直に喜ぶものでなければならない。聖トマスによれば、神の心に一番縁のない感情はねたみである。それは悲しみであり、神は喜びそのものである。ねたみはある善に対立するものであるが、神は同時に原因であり、理想であり、目的であって、すべての善そのものである。だから聖書には神がすべての御業を喜ばれると記されている。神の子らの心もそのようでなければならない。

つぎに、これは善に対するこの普遍的な愛の帰結であるが、布教の最上の方法は最も積極的なもので、正当な価値を何も破壊せずに、かえってすべての善を完成に導くように注意する方法である。これはすべての偉大な布教者たちの方法であり、教会がミラノの布告の後でローマの世界を改宗させるためにもちいた方法である。

近代世界は通信機関の発達によって小さくなると同時に、対立の激化によって分裂し新しい問題によって苦しめられている。この近代世界を福音化するには、ヒロイズムにいたるまで献身的で包括的な愛が要求される。シモーヌ・ヴェーユが真に天才的な聖性の必要を語ったのは、この意味である。これは、私たちが福音を伝えるために努力すべきすべてのことを理解するために記憶しなければならない彼女の言葉の一つである。

最後に、シモーヌ・ヴェーユは私たちを強いて、贖罪の普遍性の問題をいっそう強く反省させる。目に見えるかぎり教会に属さないすべての人々に対して、神の恵みはどんな道をとるであろうか。何人かの神学者が注意深くこの問題を取りあげ、これは救いに必要なはっきり意識されない信仰の問題として古典的な問題になっている。しかしキリストに先立つ人類の長い世代を意識し、地球の大きさを考えると、私たちはこの大きな問題をいっそう具体的に提出せざるをえない。おそらく偽りの宗教の中で「キリストがなくてもキリスト教的な」宗教的価値を識別することを試みなければならないであろう。ここで、シモーヌが提出する標準、すなわち多少とも正しく神の名を言うことと、特に不幸な人々の場合には十字架につけられた救い主とはっきり意識せずに合一することという標準は、私たちの注意をひくものである。しかしここでもまたキリスト教の信仰は、キリストが定められた秘蹟、たとえ信者がその意味をそれほど深く理解できなくても、その価値を保っている秘蹟と、人間のつくった祭儀とを区別する。たとえ偶像崇拝の誠実さと、知られない神の憐れみ深い恵みによって、その祭儀が超自然の世界に近づきうるものであっても。

しかしシモーヌ・ヴェーユは自分が特に非キリスト信者に対する使命を持っていることを知っていた。宗教に関する理性を疑い、形而上学や歴史の探究を疑う人々に向って、シモーヌ・ヴェーユの経験は神が生きていること、キリストが彼女に御自分を示されたことを叫ぶ。この証言を疑える人があるだろうか。彼女は自分が摂理によって「キリスト教とキリスト教でないすべてのものとの間の境目」におかれ、すべてのものをキリスト教に導くべきであることを知っていた。彼女が洗礼から遠ざかったのは、他の人々から離れないように、彼らの言葉と文化の中で彼らに福音を告げることができるようにという配慮からであった。

多くの人々はカトリック信者、特に司祭の証言は当然疑わしいものと想像している。まるで私たちが他の人々よりも誤りたくないと思ってはいないかのようである。ある日彼女は「教会へはいって行かないで、人を教会へ呼ぶ鐘」のたとえを、大変面白がったことがあった。もちろんキリストの唯一の教会への目に見える所属のことである。

この鐘が遠くにも聞こえて、信仰から離れている多くの人々に、キリストは生きていること、キリストは彼らを愛し、彼らを御自分に引き寄せようと望まれることを告げればよいと思う。

彼女の魂の声が聞かれるこれらの文章を、私が彼らに兄弟の情をもっておくるのは、この呼びかけを聞かせるためである。

年　譜

1909年

2月3日，パリに生まれる。

父はユダヤ系フランス人の医師，三歳年上にのちに世界的数学者となる兄アンドレがいる。

1917年（8歳）

ラヴァル高等中学に入学する。

1919年（10歳）

フェヌロン高等中学のクラスに編入学。

1924年（15歳）

ヴィクトル＝デュリュイ高等中学哲学級に入学。

1925年（16歳）

6月，哲学に関する大学入学資格試験（バカロレア）に合格。

11月，高等師範学校（エコール・ノルマル・シユペリウール）の進学準備課程を修めるためアンリ四世高等中学に入学し，同時にソルボンヌ大学に学生として登録する。アンリ四世の哲学教師だったアランの影響をふかく受ける。

1927年（18歳）

一種の「民衆大学（ユニヴェルシテ・ポピュレール）」の運動に参加し，無報酬で講義を行う。革命的サンディカリスムに興味をいだく。

1928年（19歳）

高等師範学校の入学試験に合格。入学後もアランの講義にはつづけて出席する一方，マルクシズムに興味を持ちはじめる。

1931年（22歳）

7月，高等師範学校を終え，大学教授資格（アグレガシヨン）試験に合格。ル・ピュイ女子高等中学の哲学教授に任命され，赴任。

12月，失業救済事業に関するル・ピュイの労働者の要求を支持して，市長に面会を求める陳情団に同行し，「ル・ピュイ事件」の主謀者と目される。

1932年（23歳）
7月，ナチズムの台頭を調査するためのドイツ旅行に出発する。
10月，オセール女子高等中学に赴任する。

1933年（24歳）
オセール女子高等中学からロアンヌの女子高等中学への転勤を命ぜられ，赴任。

1934年（25歳）
6月，文部省に個人研究のため10月以後一年間の休暇を願い出る。
重要論文「自由と社会的抑圧にかんする諸原因についての考察」を完成。
12月4日，パリのアルストン電機会社ルクルブ工場に女工として雇われる。
12月25日，疲労のために倒れる。

1935年（26歳）

2月，職場に復帰するが疲労と頭痛はつづく。

3月，ふたたび倒れる。

4月，アルストン電機会社を解雇。パリ近外ブーローニュ・ビランクールのカルノー鉄工所に職を見つける。

5月，雇用契約が切れ，同時に疲労のために倒れる。

6月，ブーローニュ・ビランクールのルノー自動車工場に雇われる。

7月，ルノー工場をやめる。

8月，両親とともにポルトガルで夏を過し，ある漁村でキリスト教との最初の出逢いを経験し，この宗教が深く「奴隷の宗教」であることを確信する。

1936年（27歳）
8月，スペイン内戦に義勇兵として参加するためスペインに入国，エブロ河沿岸の前線に赴く。
部隊の渡河作戦に際し後方に炊事当番として残され，煮えたぎった油

鍋に片足を突っこみ火傷を負う。帰国。

10月，身体の衰弱はげしく復職は不可能である旨の理由書を添えて，休職願いを提出。

12月，健康状態回復せず，休職延長を請願，受理される。

1937年（28歳）

1月，スイス，モンターナに静養にいく。

モンターナよりイタリア旅行に出発する。キリスト教との第二の出逢い。アッシジのサンタ・マリア・デリ・アンジェリ小聖堂ではじめてひざまずく。

10月，復職して，サン・カンタンの女子高等中学に赴任する。

1938年（29歳）

1月，偏頭痛悪化のため休暇願いを文部省に提出し受理される。

3月，復活祭の前後十日間をソレームの修道院で過す。キリスト教との第三の出逢い。はげしい頭痛のうちにキリストの受難についての啓示を受ける。

6月，一ヶ月半にわたり二回目のイタリア旅行。

10月，サン・カンタンに帰り復職する。

1939年（30歳）

7月，文部省に一年間の休暇を願い出て受理される。両親の滞在していたジュネーヴに出発する。

9月，英仏がドイツに宣戦を布告し，第二次大戦はじまる。開戦とともに急いでパリへ帰る。

1940年（31歳）

6月，ドイツ軍の大攻勢はじまり，パリをあとにする難民の群れに投じ，南に向かう。ヴィシーにいたり，以後二ヶ月，両親と同地に留まる。

10月，ヴィシーからマルセーユに移る。

11月，文部大臣にあてて復職願いを提出するが，無回答に終わる（ユダヤ人にたいする教授資格剥奪の決定のためだった）。

1941年（32歳）

6月，マルセーユのドミニコ会修道院長ジャン＝マリ・ペラン神父と

信仰を結び，しばしば議論を闘わせる。

8月，かねてからの希望であった農民生活を送るために，ペラン神父に紹介され，農民哲学者ギュスターヴ・ティボンをアルデッシュ地方サン＝マルセルの農場に訪れる。ここで昼は労働し，夜はティボンを相手にキリスト教について語りあう。

9月，近隣の村の葡萄の取り入れを手伝い，農業労働者として働く。

1942年（33歳）

5月，アメリカ経由でロンドンに向かう意図をいだき，両親とカサブランカに向かってマルセーユを離れる。

6月，ニューヨークに到着する。

7月，アンリ四世高等中学の同級生モーリス・シューマンがロンドンの「自由フランス」に参加していることを知り，ロンドンに呼んでくれるよう手紙を書く。

11月，ロンドンに向けてニューヨークを去り，リヴァプールに到着する。

1943年（34歳）

1月，ロンドン，ポーランド通りに下宿する。

ド・ゴール将軍率いる「自由フランス」の文案起草者となる。『根をもつこと』所収の諸論文が執筆される。

4月，疲労と栄養失調のため健康状態悪化，ロンドンのミドルセックス病院に入院させられる。

8月，ケント州アシュフォード在グロスヴェナー・サナトリウムに移る。

8月24日，グロスヴェナー・サナトリウムにて死去。享年34歳。

8月30日。アシュフォードの墓地に埋葬される。

著者紹介

シモーヌ・ヴェーユ（Simone Weil）
1909年生まれ。フランスの思想家。リセ時代アランの教えをうけ、哲学の教職についたが、労働運動に深い関心を寄せ、工場に女工として入り8ヶ月の工場生活を体験。36年スペイン内戦では人民戦線派義勇軍に応募。40年独仏戦のフランスの敗北で、ユダヤ人であるためパリを脱出。その頃キリスト教的神秘主義思想を深める。42年アメリカに亡命、自由フランス軍に加わるためロンドンに渡るが、病に倒れ、43年衰弱死する。彼女の生涯と遺作は、不朽の思想として世界の文学者、思想家に深い感銘と影響を与えた。

訳者紹介

渡辺秀（わたなべ・しゅう）
1916年生まれ。上智大学名誉教授。2000年逝去。
著書『マリタンと狂気の芸術論』（講談社）。訳書　アンリ・ベルグソン『精神のエネルギー』、アラン『イデー：哲学入門』（すべて白水社）、ほか。

神を待ちのぞむ

1967年11月10日　初　版第1刷発行
2009年 2 月10日　新　版第1刷発行
2020年 8 月25日　新装版第1刷発行

著　者　シモーヌ・ヴェーユ
訳　者　渡辺　秀
発行者　神田　明
発行所　株式会社 春秋社
〒101-0021　東京都千代田区外神田2-18-6
電　話　03-3255-9611（営業）
03-3255-9614（編集）
振　替　00180-6-24861
https://www.shunjusha.co.jp/
印　刷　萩原印刷 株式会社
装　幀　鎌内　文

ISBN978-4-393-32553-7 C0010　　Printed in Japan
定価はカバーに表示してあります